Gospel Light's

BIG BOOK
OF BIBLE ST★RY
ACTIVITY PAGES #2

AGE

Help Kids Play, Listen and Talk Through the Bible

- 52 Bible Stories in English and Spanish
- Kids color, fold, make and do as they tell the Bible stories
- Perfect for preschoolers

  **Gospel Light** Reproducible!

CD-ROM INCLUDED

Guidelines for Photocopying Reproducible Pages

Permission to make photocopies of or to reproduce by any other mechanical or electronic means in whole or in part any page, illustration or activity in this product is granted only to the original purchaser and is intended for noncommercial use within a church or other Christian organization. None of the material in this product may be reproduced for any commercial promotion, advertising or sale of a product or service to any other persons, churches or organizations. Sharing of the material in this product with other churches or organizations not owned or controlled by the original purchaser is also prohibited. All rights reserved.

* Do not make any copies from this book unless you adhere strictly to the guidelines found on this page. Only pages with the following notation can be legally reproduced:

© 2010 Gospel Light. Permission to photocopy granted to the original purchaser only. *The Big Book of Bible Story Activity Pages #2*

Editorial Staff

Senior Managing Editor, Sheryl Haystead • **Senior Editor,** Deborah Barber • **Editor,** Lisa Key • **Editorial Team,** Mary Davis, Janis Halverson • **Designer,** Annette M. Chavez

Founder, Dr. Henrietta Mears • **Publisher,** William T. Greig • **Senior Consulting Publisher,** Dr. Elmer L. Towns • **Senior Editor, Biblical and Theological Content,** Dr. Gary S. Greig • **Senior Consulting Editor,** Wesley Haystead, M.S.Ed.

Scripture quotations are taken from the Holy Bible, New International Version®. Copyright © 1973, 1978, 1984 by International Bible Society. Used by permission of Zondervan Publishing House. All rights reserved.

El texto bíblico ha sido tomado de la Santa Biblia Nueva Versión Internacional (NVI) © 1999 por la Sociedad Bíblica Internacional. Usado con permiso.

Texto bíblico marcado RV-60 ha sido tomado de la versión Reina-Valera © 1960 Sociedades Bíblicas en América Latina; © renovado 1988 Sociedades Bíblicas Unidas. Utilizado con permiso.

How to Use *The Big Book of Bible Story Activity Pages #2*

Welcome to *The Big Book of Bible Story Activity Pages #2*, a learning adventure for the preschoolers in your home or classroom. Your preschooler will be excited to review favorite Bible stories and verses through completing these activity pages.

The 52 Bible story activity pages contained in this book teach Bible stories and verses using skills that preschoolers enjoy using.

How to Use This Book in Your Classroom

Use this book as a fun and meaningful way to review Bible stories and verses.

Every Quarter

At the beginning of the quarter, photocopy and store each lesson's pages in a labeled envelope or folder.

Every Week

Before each class, take out that lesson's page. Become familiar with how the page works. Prepare children's pages if needed by prefolding and then unfolding. When a page requires cutting, depending on the skill level of your class, precut some or all of the cuts.

Tell the story, using a completed page as the illustration. Then invite children to make their own illustration. Before giving children their own pages, demonstrate how to complete the page (cutting, folding, etc.). Seeing your demonstration will provide a visual guide for children.

While children complete their own pages, provide opportunities for children to talk about the scene or action on the page. Let children retell the story action by using the page (moving figures, completing mazes, etc.). Also ask simple specific questions to help children recall the action the page illustrates. For example, begin the story and then ask, "What happened next?" Let a volunteer tell. Involve as many children as possible. In classes where children are just beginning to use words to communicate, suggest a child answer your question by pointing to the appropriate figure on the activity page.

How to Use This Book in Your Home

Use this book with your preschooler to encourage and build your child's spiritual growth as you talk about favorite Bible stories and verses.

Follow these steps for valuable learning and together time.

1. Gather the materials needed for the activity pages.

- For most activity pages, nothing more than crayons or markers is necessary. Scissors and/or glue sticks are needed for some.

2. Keep *The Big Book of Bible Story Activity Pages #2* in a special place.

- Invite your child to tear out and work on one activity page each week.

- Even if your child wants to hurry through the book, encourage your child to only complete one page at a time so that you can take time to review the Bible verse and Bible story presented on each page.

- Keep completed pages in a folder.

3. Review the activity pages together to keep God's Word fresh in your child's life.

- Sit with your child to find and read the activity page Bible story in his or her Bible.

- Read the Bible verse at bedtime. Tell a way you plan to obey the verse. Ask your child to tell, too. Pray together, asking God to help you both obey His Word.

- As your child completes an activity page, look back together at the activity pages he or she has already finished. Review favorite Bible stories and verses.

This Bible learning time at home will create a solid foundation for your child as he or she begins to read the Bible for him- or herself. The time spent on the activity pages and Bible learning will help you and your child build a relationship that will be remembered long after the activity pages are all completed.

Contents

Activity
Pages available in
both black and
white and color
on enclosed
CD-ROM

CD-ROM

On the CD-ROM you will find all the stories and activity pages for *The Big Book of Bible Story Activity Pages #2*. The activity pages are provided in both black and white and in color.

Getting the Most Out of An Activity Page

Purpose

Some days, a class of overexcited, rowdy preschoolers can tempt us to plunk down an activity page in front of each one and gratefully take a break. But this resource has great potential for learning if we stay actively involved!

The student activity page has a twofold purpose: first, to provide each child with a personalized visual aid to use in reviewing the Bible story; second, to help children think and talk about what the Bible truth means in their daily lives. Not a craft or an art activity, it is an interactive way to reinforce that day's Bible truth.

Participation Tips

How Do Preschoolers Learn?

Young children enjoy the action of the activity pages. And even more, young children learn best as they repeatedly hear and talk about the Bible stories and verses! The activity page provides a fresh way to illustrate and repeat the Bible story, both in class and then at home with family. And with hands and minds busy, children often respond freely and listen eagerly as you guide the conversation. Be sure to use the questions and comments provided on the page.

When Do Preschoolers Need Help?

Try to assist only when a child cannot complete a task. As you get to know the children in your class, you will know which children may need extra help.

If an older child is not interested in doing the activity page, say, "It's OK if you don't want to work on your page right now. But all of us need to sit at the table together." Often, after a few moments, the child will decide that the page is an acceptable activity after all! You may also provide a quiet alternate task, such as drawing on blank paper or looking at books. Send the uncompleted activity page home and suggest that parents may invite the child to work on the page when interest is shown.

Some children may make a few marks on the page and announce, "I'm done." While children should never be forced to complete an activity, there are often questions that can be asked to encourage further participation. "Everyone gets to color the flowers a different color. What color are you going to choose?" "Which picture on your page shows the beginning of the story? The end?" Engage the child about the scene or action on the page or invite him or her to retell the Bible story.

Folding and Cutting

To help a child fold his or her own page, hold the page in the proper position. Then tell the child to press and rub where he or she wants the fold.

When a child does his or her own cutting, hold the page taut for him or her.

Taping and Gluing

To simplify tape use, pull off and stick pieces of tape on the edge of the table, rather than handing a child a roll of tape.

Some lessons suggest optional touch-and-feel materials to add to the activity page. Gluing is done most easily with glue sticks. However, small glue bottles also work well if you tell children to use tiny dots of glue. Try seeing who can make the smallest dots!

 The Big Book of Bible Story Activity Pages #2

God Made the World Genesis 1:1-19

"God made the world and everything in it." (See Acts 17:24.)

In the Beginning

In the beginning, there were no tall trees, no flowers and no warm sunshine. There were no animals and no people! There was just darkness. But God was there. And this is what God did.

Daytime and Nighttime

First, God said, "Let there be light." And just like that—there was light! God called the light "day." God made the daytime for working and playing.

God made our world dark part of the time. God called the quiet dark "night." Nighttime is the perfect time for sleeping.

Next God made the sky. He put this beautiful sky up, up, up high. He made it bright and blue. God made lots of fluffy, puffy white clouds to float in the beautiful blue sky.

Water and Dry Land

Next, God took all the water and put some here and some there until the world had oceans, lakes and rivers full of water.

And between the water was dry land. God made tall, tall mountains, little round hills and low flat places, too.

Grass, Trees and Flowers

God said, "Let grass and trees and flowers grow." And they did! Soft green grass, tall trees, tiny plants, fruit trees and berry bushes, vegetables and flowers all began to grow. But that's not all God made!

Sun, Moon and Stars

God made special lights—the bright warm sun to shine in the daytime and the moon and the stars to shine at night.

Conclusion

God made everything in our wonderful world. God is so great! We can thank God for making the world. The Bible says, "God made the world and everything in it."

- Who made the sun, the sky, the water and the trees?

- What would you like to thank God for making?

Dios hizo al mundo Génesis 1:1-19

"Dios hizo el mundo y todo lo que hay en él". Hechos 17:24

En el principio

En el principio no había árboles altos, ni flores, ni calor del sol. No había animales ni personas. Sólo había oscuridad. Pero allí estaba Dios. Y esto es lo que hizo Dios.

El día y la noche

Dios dijo primero: "Sea la luz". Y eso fue todo: ¡apareció la luz! A la luz, Dios la llamó "día". Dios hizo el día para trabajar y para jugar.

Dios hizo que en nuestro mundo hubiera oscuridad una parte del tiempo. A esa oscuridad silenciosa, la llamó "noche". La noche es el tiempo perfecto para dormir.

Después de esto, Dios hizo el cielo. Ese cielo tan hermoso, lo puso muy, muy alto. Lo hizo brillante y azul. También hizo muchas nubes blancas, suaves y esponjadas, para que flotaran en ese hermoso cielo azul.

Las aguas y la tierra seca

Después, Dios tomó todas las aguas y puso un poco aquí y otro poco allí, hasta que el mundo tuvo mares, lagos y ríos llenos de agua.

Y entre esas aguas había tierra seca. Dios hizo unas montañas muy, muy altas, pequeñas colinas redondas y lugares bajos llanos también.

La hierba, los árboles y las flores

Dios dijo: "Que produzca la tierra hierba, árboles y flores". ¡Y así fue! Comenzaron a crecer tiernas hierbas verdes, árboles altos, plantas pequeñas, árboles frutales y arbustos con frutas pequeñas. ¡Pero eso no fue todo lo que hizo Dios!

El sol, la luna, y las estrellas

Dios hizo unas luces especiales: el sol, brillante y caliente, para que resplandeciera durante el día, y la luna y las estrellas para que brillaran de noche.

Conclusión

Dios hizo todo lo que hay en nuestro maravilloso mundo. ¡Qué grande es Dios! Le podemos dar gracias por haber hecho el mundo. La Biblia dice: "Dios hizo el mundo y todo lo que hay en él".

- ¿Quién hizo el sol, el cielo, las aguas, y los árboles?

- ¿Por cuál de esas cosas que Dios hizo te gustaría darle gracias?

Name _____

"God made the world and everything in it."

(See Acts 17:24.)

fold

- Child colors page.
- Child cuts on solid lines from edge of paper to dotted line, folds flaps and closes the four flaps (see sketch on back of this page).
- Child opens flaps from top to bottom to retell Bible story.

- **Who made the sun, the sky, the water and the trees?**
- **What would you like to thank God for making?**

The Big Book of Bible Story Activity Pages #2

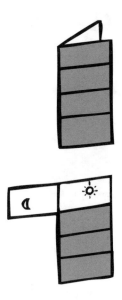

God Made Animals Genesis 1:20-25

"God saw all that he had made, and it was very good." Genesis 1:31

The World

God made our beautiful world! After God made daytime and nighttime, He filled the world with oceans and rivers and lakes. He made beautiful plants grow everywhere. He made the sun. He made the moon and stars. God's world was good!

Fish

But God's world was VERY quiet. The lakes, rivers and oceans were empty! So God said, "Let the water be full of fish!" And there were FISH! Big fish and whales and dolphins jumped and swam in the oceans.

God made big gray fish and little green fish. God made yellow fish that look like stars and fish that have heads like tiny, tiny horses. God made crabs that crawled and clams that dug themselves into the sand.

Birds

Then God looked at the beautiful blue sky. Nothing was there but clouds. So God said, "Let birds fly in the sky." Soon, blue birds and yellow birds, big birds and little birds flew in the sky. They made nests in the trees. Eagles flew high and chickens scratched the ground.

Other Animals

The dry land was full of grass and flowers and trees. But nothing moved there. So God said, "Let there be all kinds of animals." And just as God said, there were animals everywhere! Horses and zebras ran and kicked. Monkeys swung in the trees. Cows, goats and sheep ate the grass. Big gray elephants stomped. Tiny gray mice hid. Big lions roared and tall kangaroos hopped. Dogs and cats ran and played and then slept in the sunshine.

God looked at all the fish and birds and other animals He had made. God said, "It is good." God made everything in our world! And He made it just right! We can thank God for making all the animals!

Conclusion

God made everything in our world. We can thank God for making all the fish, birds and other animals! The Bible says, "God saw all that he had made, and it was very good."

- Who made elephants and fish?

- What are other animals God made?

- What animal do you want to thank God for?

Dios hizo a los animales Génesis 1:20–25

"Y Dios vio que todo lo que había hecho estaba muy bien". (Paráfrasis, lee Génesis 1:31)

El mundo

¡Dios hizo nuestro hermoso mundo! Después de hacer el día y la noche, llenó el mundo con mares, y ríos y lagos. Hizo que nacieran plantas hermosas por todas partes. Hizo el sol, Hizo la luna y las estrellas. ¡El mundo de Dios era bueno!

Los peces

Pero en el mundo de Dios había MUCHO silencio. ¡Los lagos, los ríos y los mares estaban vacíos! Así que Dios dijo: "¡Que el agua se llene de peces!" ¡Y aparecieron LOS PECES! Los peces grandes, las ballenas, y los delfines comenzaron a saltar y a nadar en los mares.

Dios hizo peces grandes de color gris y peces pequeños de color verde. Hizo peces amarillos que se parecen a las estrellas, y peces que tienen la cabeza como si fueran unos caballitos pequeñitos. Hizo los cangrejos que caminan por la arena, y las almejas que se entierran en ella.

Las aves

Entonces, Dios miró ese hermoso cielo azul. En él no había otra cosa que nubes. Por eso dijo: "¡Que vuelen las aves por el cielo!" En seguida comenzaron a volar por el cielo aves azules y aves amarillas; aves grandes y aves pequeñas. Y hacían sus nidos en los árboles. Las águilas volaban muy alto, y las gallinas arañaban el suelo.

Los otros animales

La tierra seca estaba llena de hierba, y flores, y árboles. Pero allí no se movía nada. Así que Dios dijo: "¡Que aparezcan toda clase de animales!" Y tal como Dios lo había dicho, ¡aparecieron animales por todas partes! Los caballos y las cebras corrían y daban coces. Los monos se mecían en los árboles. Las vacas, las cabras, y las ovejas comían la hierba. Los elefantes, grises e inmensos, caminaban pisando fuerte. Los ratoncitos grises se escondían. Los grandes leones rugían, y los altos canguros saltaban. Los perros y los gatos corrían, y jugaban, y después dormían bajo el sol.

Dios miró todos los peces, y las aves, y los demás animales que había hecho. Entonces dijo: "Esto es bueno". ¡Dios lo hizo todo en nuestro mundo! ¡Y lo hizo bueno! ¡Le podemos dar gracias a Dios por haber hecho los animales!

Conclusión

Dios lo hizo todo en nuestro mundo. Le podemos dar las gracias por haber hecho todos los peces, todas las aves y todos los demás animales. La Biblia dice: "Y Dios vio que todo lo que había hecho estaba muy bien".

- ¿Quién hizo los elefantes y los peces?

- ¿Qué otros animales hizo Dios?

- ¿Por cuál de esos animales quieres dar gracias a Dios?

Name _____

"God saw all that he had made,
and it was very good."
Genesis 1:31

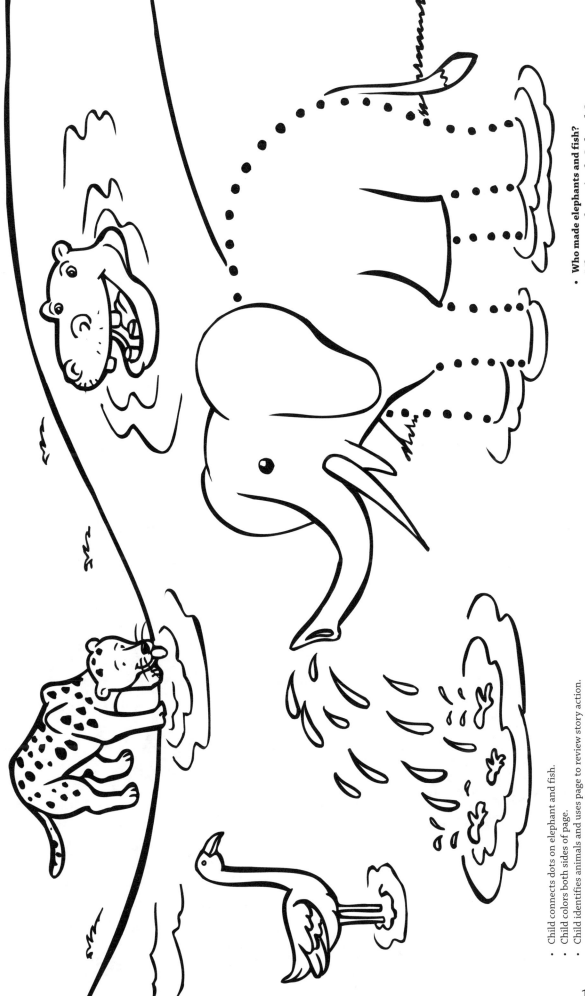

- Child connects dots on elephant and fish.
- Child colors both sides of page.
- Child identifies animals and uses page to review story action.

- Who made elephants and fish?
- What are other animals God made?
- What animal do you want to thank God for?

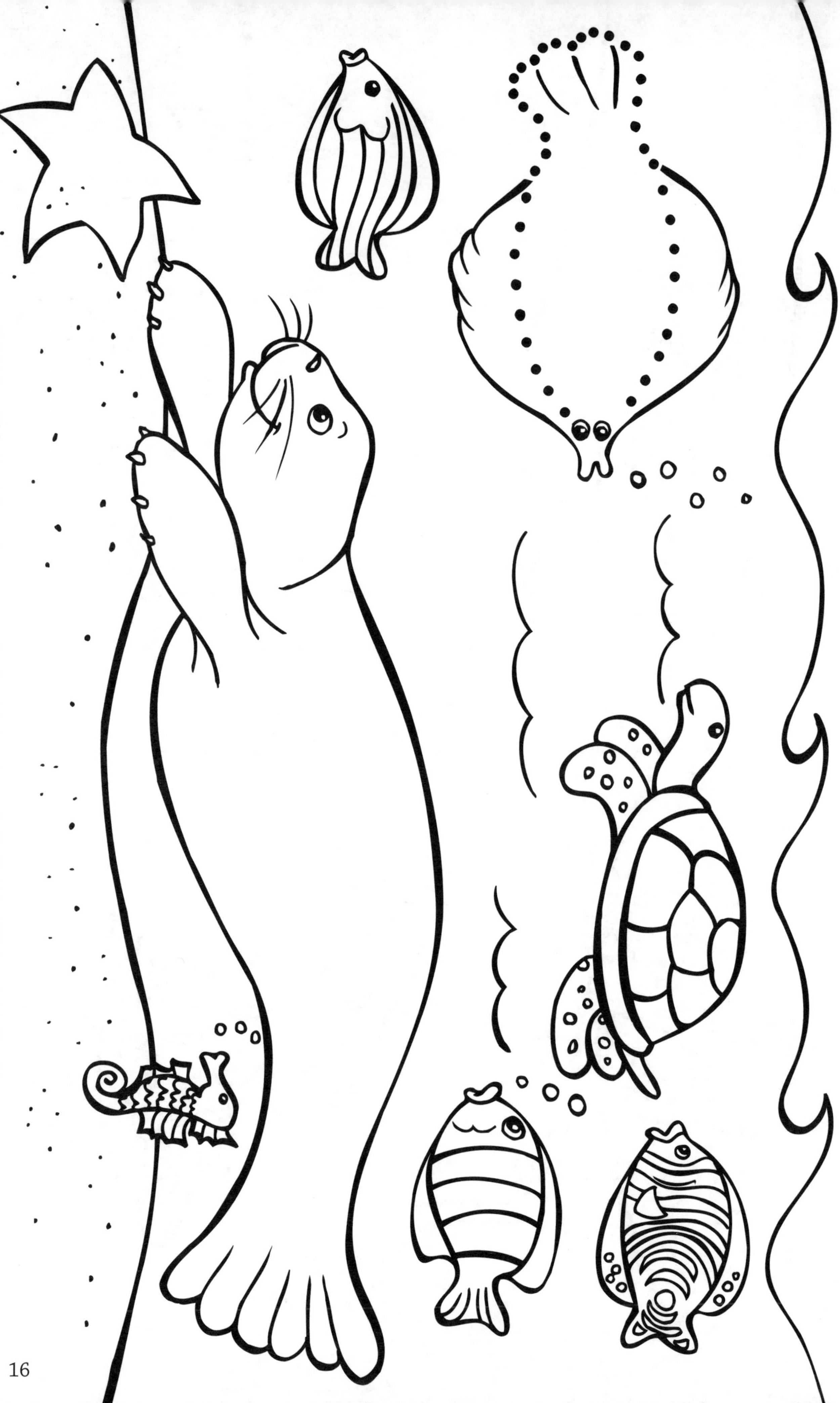

God Made People Genesis 1:26-31; 2:7-23; 3:20

"Pray always and be thankful." (See Colossians 4:2.)

God Makes the World

God made our wonderful world. God made beautiful birds to fly in the sky. God made fish to swim in the water. God made all kinds of animals on the dry land. God made beautiful flowers and trees to grow everywhere. God put the sun in the daytime sky. He put the moon and stars in the nighttime sky.

God Makes a Man

But there was no one in the world for God to talk with. And there was no one in the world to take care of what God had made.

Then God made someone to talk to. He made a person. This person was a man. God named the man Adam.

Adam Lives in the Garden

God wanted Adam to live in a special place that would have everything Adam needed. So God put Adam in a beautiful garden to live. God told Adam to take care of the garden. God also told Adam to give names to all the animals. So Adam gave a name to each one.

Adam was happy with the animals and the trees and the flowers. But there was no other person to talk to Adam. God knew that Adam needed someone to love. Adam also needed help to take care of the beautiful world God had made.

God Makes a Woman

So God made a woman. Adam called her Eve. God said to Adam and Eve, "Take care of the animals that I made. Use the plants for your food."

Adam and Eve must have been glad and thankful for all the good things God had given them. They ate the tasty fruit that grew on the trees. Every day God was with Adam and Eve in the garden. Adam and Eve talked to God. God loved them very much. And Adam and Eve loved God.

God made all the people in the world! We can thank God for making us and the people in our families.

Conclusion

God made Adam and Eve. God made all the people in the world! The Bible says, "Pray always and be thankful." We can thank God for making us and the people in our families.

• Who were the first people God made?

• Who are the people in your family?

The Big Book of Bible Story Activity Pages #2

Dios hizo a la gente Génesis 1:26–31; 2:7–23; 3:20

"Oren siempre y sean agradecidos". (Paráfrasis, lee Colosenses 4:2)

Dios hace al mundo

Dios hizo nuestro maravilloso mundo. Hizo unas hermosas aves para que volaran por el cielo. Hizo peces para que nadaran en el agua. Hizo toda clase de animales para que vivieran en la tierra seca. Hizo flores hermosas y árboles para que crecieran por todas partes. Puso al sol en el cielo del día. Puso a la luna y a las estrellas en el cielo de la noche.

Dios hace a un hombre

Pero en el mundo no había nadie con quien Dios pudiera hablar. Y en todo el mundo tampoco había nadie que pudiera cuidar de lo que Dios había hecho.

Entonces, Dios hizo alguien con quien poder hablar. Hizo una persona. Esa persona era un hombre. A ese hombre lo llamó Adán.

Adán vive en el Huerto

Dios quería que Adán viviera en un lugar especial que tuviera todo lo que él necesitara. Así que lo llevó a vivir a un hermoso huerto. Le dijo que cuidara de ese huerto. También le dijo que les pusiera nombres a todos los animales. Así que Adán le puso un nombre a cada uno de ellos.

Adán estaba feliz con los animales, y los árboles, y las flores. Pero no había ninguna otra persona que hablara con él. Dios sabía que Adán necesitaba alguien a quien pudiera amar. Adán también necesitaba ayuda para cuidar del hermoso mundo que Dios había hecho.

Dios hace a una mujer

Así que Dios hizo a una mujer. Adán la llamó Eva. Dios dijo a Adán y Eva: "Cuiden de los animales que yo hice. Usen las plantas para alimentarse".

Adán y Eva se deben de haber sentido contentos y agradecidos por todas las cosas buenas que Dios les había dado. Comían las sabrosas frutas que crecían en los árboles. Cada día, Dios estaba con Adán y Eva en el huerto. Hablaban con Él. Dios los amaba mucho. Y Adán y Eva amaban a Dios.

¡Dios hizo a toda la gente que hay en el mundo! Le podemos dar gracias por habernos hecho a nosotros, y a la gente que forma nuestra familia.

Conclusión

Dios hizo a Adán y Eva. ¡Hizo a toda la gente que hay en el mundo! La Biblia dice: "Oren siempre y sean agradecidos". Le podemos dar gracias a Dios por habernos hecho a nosotros y a las personas que forman nuestra familia.

- **¿Quiénes fueron las primeras personas que Dios hizo?**

- **¿Quiénes son las personas que forman tu familia?**

Name _____

"Pray always and be thankful."

(See Colossians 4:2.)

God made a garden and put Adam there.
But Adam was alone—no people anywhere!

fold

1

God made the first family,
And the whole world, too!

- Who were the first people God made?
- Who are the people in your family?

4

2

So God made Eve to live there, too.

They took care of the garden.
There was lots to do!

3

God Loves Adam and Eve Genesis 2:16-17; 3

"God sent his Son to be the Savior of the world." (See 1 John 4:14.)

A Rule

God gave Adam and Eve a beautiful place to live in a special garden. God loved Adam and Eve! The garden was full of fish, birds and other animals and flowers and trees. The trees grew delicious food, so Adam and Eve had plenty to eat.

There was only one thing they could not do. God told Adam and Eve, "You may eat fruit from any tree in the garden, but DO NOT eat from this special tree."

A Choice

But one day, Eve saw the beautiful fruit on God's special tree. Eve remembered God's rule, but she wanted to eat the fruit anyway.

She reached up into that tree. Eve picked the fruit. Then she ate it. And then Eve gave some to Adam. He ate it, too!

As soon as Adam and Eve ate the fruit, they knew they had disobeyed. They felt sad and afraid. They tried to hide from God. God called, "Adam, where are you?"

Adam said, "I am hiding because I am afraid." Adam was afraid because he and Eve had eaten from the special tree. They had disobeyed God. God was very sad that Adam and Eve had disobeyed.

A Promise

God told them they must leave their garden. But God never stopped loving Adam and Eve. God made clothes for Adam and Eve. And God promised that one day He would send His Son to forgive them for the wrong things they had done.

God loved Adam and Eve, even when they did not obey Him. God loves us, too! God loves us, even when we do not obey Him. God showed His love by sending Jesus, His Son.

Conclusion

God loved Adam and Eve, even when they disobeyed Him. God showed His love by sending Jesus, His Son. The Bible says, "God has sent his Son to be the Savior of the world."

- What did God make to show love to Adam and Eve?

- What does God do to show you love?

The Big Book of Bible Story Activity Pages #2

Dios ama a Adán y Eva Génesis 2:16–17; 3

"[Dios] envió a su Hijo para ser el Salvador del mundo". 1 Juan 4:14

Una orden

Dios les dio a Adán y Eva un lugar hermoso donde vivir, en un huerto especial. ¡Él amaba a Adán y Eva! El huerto estaba lleno de peces, aves, y otros animales, además de flores y árboles. Los árboles daban unas frutas deliciosas, así que Adán y Eva tenían muchas cosas que comer.

Sólo había una cosa que Adán y Eva no podían hacer. Dios les dijo: "Pueden comer las frutas de todos los árboles del huerto, pero NO coman las de este árbol especial".

Una decisión

Pero un día, Eva vio las hermosas frutas que tenía aquel árbol especial de Dios. Ella recordaba la orden de Dios, pero de todas formas, quería comer de aquella fruta.

Extendió el brazo hacia aquel árbol. Tomó una fruta. Entonces, la comió. Y después se la dio a comer también a Adán. ¡Y él también comió!

Tan pronto como Adán y Eva comieron de aquella fruta, supieron que habían desobedecido. Se sintieron tristes y tuvieron miedo. Trataron de esconderse de Dios. Pero Dios los llamó: "Adán, ¿dónde estás?"

Adán le respondió: "Estoy aquí escondido, porque tengo miedo". Tenía miedo, porque Eva y él habían comido de aquel árbol especial. Habían desobedecido a Dios. Dios se puso muy triste por que Adán y Eva le habían desobedecido.

Una promesa

Dios les dijo a Adán y Eva que tenían que irse del huerto. Pero Dios nunca los dejó de amar. Les hizo ropa. Y prometió que un día enviaría a su Hijo para perdonarlos por las cosas malas que habían hecho.

Dios amaba a Adán y Eva, aunque ellos no lo habían obedecido. ¡También nos ama a nosotros! Dios nos ama, aun cuando no le obedezcamos. Nos mostró su amor, enviándonos a su Hijo, Jesús.

Conclusión

Dios amó a Adán y Eva, a pesar de que le habían desobedecido. Dios mostró su amor enviándonos a su Hijo, Jesús. La Biblia dice: "[Dios] envió a su Hijo para ser el Salvador del mundo".

- **¿Qué hizo Dios para mostrar su amor a Adán y Eva?**

- **¿Qué hace Dios para mostrarte a ti que te ama?**

"God sent his Son to be the Savior of the world."

(See 1 John 4:14.)

Name

1

- **What did God make to show love to Adam and Eve?**

fold second

Adam and Eve disobeyed God's rule.

fold first

3

But God still loved Adam and Eve.

God loves you.

- **What does God do to show love to you?**

They were sad.

2

- Teacher prefolds page.
- Child colors page.
- Child folds page to make a booklet and review story action.

Building the Big Boat Genesis 6:5-22

"God made us to do good." (See Ephesians 2:10.)

People Disobey God

After God made the world, more and more people were born. After a long time, there were more people than you could count! But these people did not obey God. They did unkind things to each other, spoiling the beautiful world God had made. This made God sad.

Noah Listens to God

But one man named Noah was different. Noah loved and obeyed God. Noah did good things.

God told Noah, "I'm going to cover the world with water to stop all the bad things people are doing."

Then God told Noah, "Build a big boat. I will tell you how to build it."

God told Noah which wood to use to build the big boat, also called an ark. God told Noah how tall to build the boat. God told Noah how long to build the boat. God even told Noah where to put the door and the windows.

Noah Obeys God

God told Noah, "When the water comes, you and your family will be safe in the big boat."

Noah obeyed God. He started building the big boat. Noah and his family cut down trees. Chop! Chop! Chop! They sawed the wood into boards. ZZZ-zzz-zzz. They hammered the boards together. Bang! Bang! Bang!

Finally the big boat was finished. It was tall and long. Noah and his family were glad God helped them know how to build the boat. They knew God was taking care of them.

Conclusion

Noah and his family obeyed God by doing good things. We can obey God by doing good things, too. The Bible says, "God made us to do good."

• What good thing did Noah do to obey God?

• What good thing can you do to obey God?

La construcción del gran barco Génesis 6:5–22

"Dios nos hizo para que hiciéramos cosas buenas". (Paráfrasis, lee Efesios 2:10)

La gente desobedece a Dios

Después que Dios hizo al mundo, fueron naciendo más y más personas. ¡Al cabo de un largo tiempo, había más personas de las que tú podrías contar! Pero esas personas no obedecían a Dios. Se hacían cosas malas unas a otras, echando a perder el mundo tan hermoso que Dios había hecho. Esto puso muy triste a Dios.

Noé escucha a Dios

Pero un hombre llamado Noé era distinto. Noé amaba a Dios y lo obedecía. Hacía cosas buenas.

Dios le dijo a Noé: "Voy a cubrir el mundo con agua para acabar con todas las cosas malas que la gente está haciendo".

Entonces Dios le dijo a Noé: "Fabrica un barco grande. Yo te voy a decir cómo hacerlo".

Dios le dijo a Noé qué tipo de madera tenía que usar para construir aquel barco tan grande, llamado también "arca". Le dijo de qué altura lo tenía que hacer. Le dijo cuán largo que lo tenía que hacer. Hasta le dijo dónde tenía que poner la puerta y las ventanas.

Noé obedece a Dios

Dios le dijo a Noé: "Cuando llegue el agua, tú y tu familia estarán a salvo dentro del gran barco".

Noé obedeció a Dios. Comenzó a fabricar el gran barco. Él y su familia cortaron árboles: ¡Chop, chop, chop! Y aserraron la madera para hacer tablas con ellas: ZZZ–zzz–zzz. Después clavaron las tablas para unirlas: ¡Pum, pum, pum!

Por fin terminaron de fabricar el gran barco. Era alto y largo. Noé y su familia se alegraban de que Dios los hubiera ayudado a saber cómo lo tenían que hacer. Sabían que Dios estaba cuidando de ellos.

Conclusión

Noé y su familia obedecían a Dios haciendo cosas buenas. Nosotros también podemos obedecerle haciendo cosas buenas. La Biblia dice: "Dios nos hizo para que hiciéramos cosas buenas".

• ¿Qué cosa buena hizo Noé para obedecer a Dios?

• ¿Qué cosa buena puedes hacer tú para obedecer a Dios?

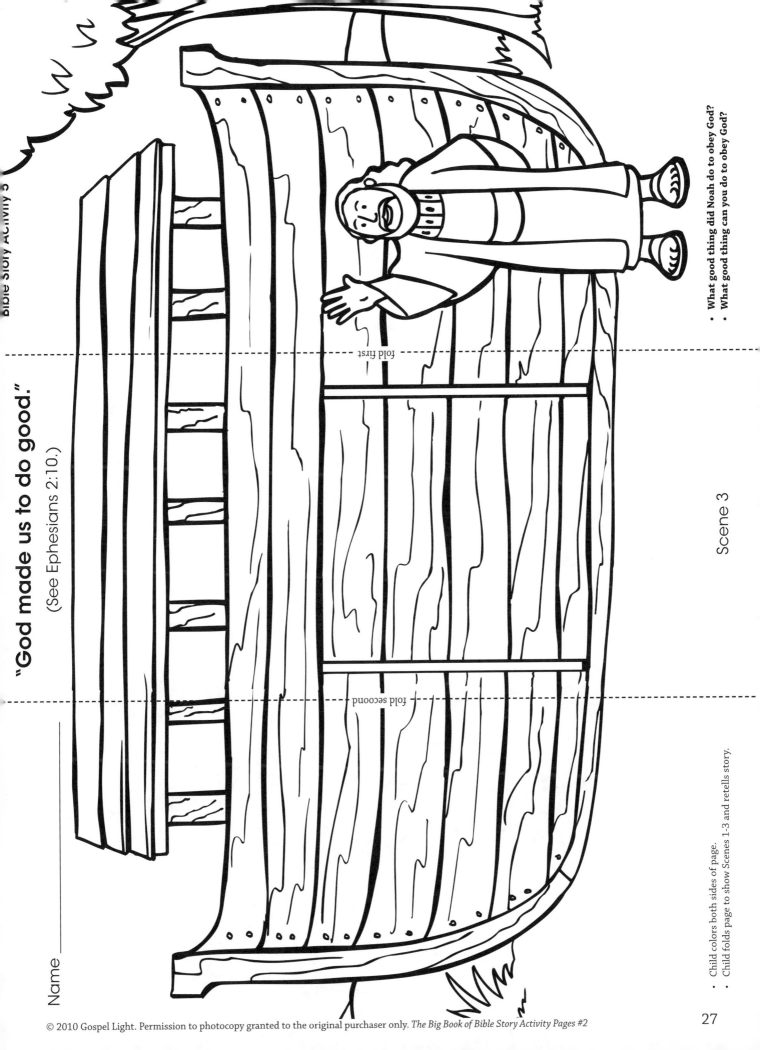

"God made us to do good."

(See Ephesians 2:10.)

Name _____

fold first

fold second

Scene 3

- **What good thing did Noah do to obey God?**
- **What good thing can you do to obey God?**

- Child colors both sides of page.
- Child folds page to show Scenes 1-3 and retells story.

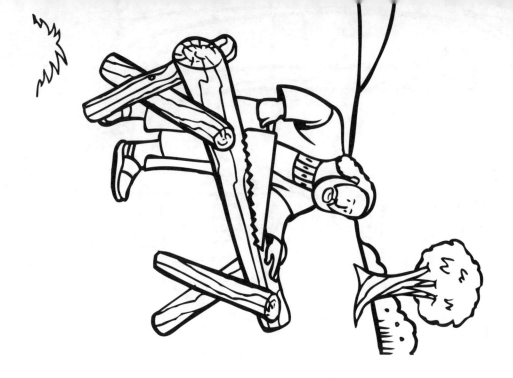

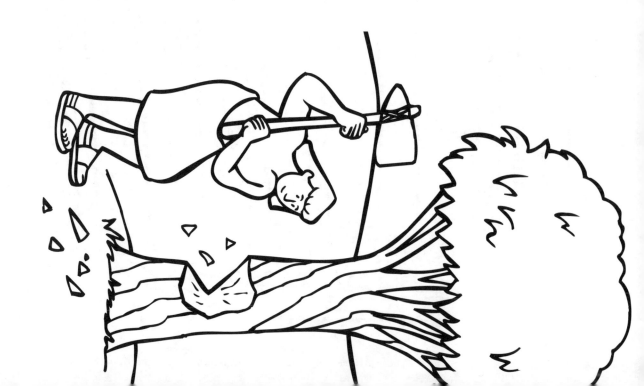

Loading the Big Boat Genesis 7:1-16

"Do what is right and good." Deuteronomy 6:18

Lots of Room

Noah and his family built a great big boat, just as God had said to do. But why such a BIG boat? There were only eight people in Noah's family.

Here's why the boat had to be so big: God told Noah, "I will bring every kind of animal to the ark to keep them safe." That's a lot of animals!

Lots of Food

Then God told Noah, "Put food in the boat—lots and lots of food. You'll need food for you and for your family and food for all the animals that will be in the big boat with you."

Noah and his family and the animals were going to be on the boat for a long, long time. They would need lots of food. What a big job!

Noah and his family did just what God said to do. They helped each other pack all kinds of food. Then they helped each other put the food into the boat—seed for the birds, and hay and grain for the elephants and mice and cows and horses. What a busy time!

Lots of Animals

"Now it's time to bring the animals into the boat," Noah told his family. "God wants us to take care of them while we live in the boat."

Hippity-hop, hippity-hop came the two rabbits. Thump! Thump! Thump! In came the two big, gray elephants. Trot, trot, trot came the two horses. Whoosh! In flew many kinds of birds.

God helped the animals come to the big boat. Finally, Noah, his family and all the animals were inside the boat. Noah must have been glad God helped him do so many good things!

Conclusion

Noah obeyed God. Noah did what was right and good! Even when it was hard and seemed like a big job, Noah did good. We can obey God and do good things, too, even when it's hard. The Bible says, "Do what is right and good."

- What did Noah load into the ark?

- What is something God helps you to do?

Cómo llenaron el barco Génesis 7:1-16

"Haz lo que es recto y bueno". Deuteronomio 6:18

Muchísimo espacio

Noé y su familia construyeron un barco inmenso, tal como Dios les había dicho que hicieran. Pero, ¿por qué un barco tan GRANDE? En la familia de Noé sólo había ocho personas.

He aquí por qué el barco tenía que ser tan grande. Dios le dijo a Noé: "Voy a traer al arca toda clase de animales, para que estén a salvo". ¡Eran muchos animales!

Muchísima comida

Entonces Dios le dijo a Noé: "Mete comida en el barco; mucha, muchísima comida. Vas a necesitarla para ti y para tu familia, y para todos los animales que van a estar en ese gran barco con ustedes".

Noé y su familia iban a pasar mucho, mucho tiempo con aquellos animales dentro del barco. Iban a necesitar una gran cantidad de comida. ¡Qué trabajo tan grande!

Noé y su familia hicieron exactamente lo que Dios les dijo que hicieran. Entre todos, empacaron toda clase de comidas. Después entre todos también la pusieron dentro del barco: semillas para las aves, y también paja y cereales para los elefantes, y los ratones, y las vacas y los caballos. ¡Qué tiempo tan ocupado!

Muchísimos animales

"Ahora es tiempo ya de subir a los animales al barco", le dijo Noé a su familia. "Dios quiere que nosotros cuidemos de ellos mientras vivamos dentro del barco".

Saltando y saltando llegaron los dos conejos. ¡Pum, pum, pum, pum!, entraron los dos grandes elefantes grises. Trota y trota y trota, llegaron la pareja de caballos. Rápidos como el viento, entraron volando muchas clases de aves.

Dios ayudó a los animales para que llegaran al gran barco. Por fin, Noé, su familia y todos los animales estaban dentro del barco. ¡Noé se debe haber sentido alegre de que Dios lo hubiera ayudado a hacer tantas cosas buenas!

Conclusión

Noé obedeció a Dios. ¡Hizo aquello que era recto y bueno! Aunque era difícil, y parecía un trabajo duro, le fue bien. Nosotros también podemos obedecer a Dios y hacer cosas buenas, aunque sean difíciles. La Biblia dice: "Haz lo que es recto y bueno".

- ¿Qué puso Noé dentro del arca?

- ¿Cuáles son las cosas que Dios te ayuda a hacer?

Name _____

"Do what is right and good."

Deuteronomy 6:18

- Teacher prefolds page.
- Child colors page.
- Child folds page to review story action.

fold

- **What did Noah load into the ark?**
- **What is something God helps you to do?**

Safe in the Boat Genesis 7:17—8:14

"Whatever you do, do your work for the Lord." (See Colossians 3:23.)

A Rainstorm

God told Noah to build a big boat. And Noah did! God said to put food for animals in the boat. Then God brought all the animals into the big boat. Noah and his family got into the big boat, too. Pretty soon they began to hear something.

Pitter-pat. Pitter-pat. Rain! Soft, gentle rain! God made the rain come.

Soon it rained harder and harder. The water splashed against the sides of the big boat. But Noah and his family were warm and dry inside the big boat. God was taking care of them. Rain came down for many, many days. Soon the boat was floating on water!

Work to Do

Noah and his family had work to do. They gave hay to the horses and elephants. They scattered grain and seed for the birds to eat. They gave all the animals cool water to drink.

And every morning, Noah and his family milked the cows and goats. They gathered the eggs the chickens had laid. And all the time, it rained and rained and rained!

Dry Land

Finally, after many, many days, the rain stopped! But water covered all the land and bushes and trees. It took days and days and days for the earth to dry. One day Noah sent a bird out through a window of the boat. The bird came back to the boat because it could not find a dry place to land.

A few days later, Noah sent this bird out again. This time the bird came back with a brand-new leaf in its beak. That meant the bird had found a tree. The water was almost all gone.

Noah sent the bird out again. This time the bird did not come back. It had found a dry place to live. That meant the water was gone. God had taken care of Noah and his family and all the animals. God had kept them dry and safe in the rainstorm!

While Noah and his family were in the ark, they helped each other take care of the animals in the ark. We can help each other, too. We can do our best work.

Conclusion

Noah and his family helped each other take care of the animals in the ark. We can help each other, too. We can do our best work. The Bible says, "Whatever you do, do your work for the Lord."

- **What did Noah and his family help each other do?**

- **What can you do to help someone today?**

A salvo en el barco Génesis 7:17–8:14

"Todo lo que hagas, hazlo como para el Señor". (Paráfrasis, lee Colosenses 3:23)

Una lluvia torrencial

Dios le dijo a Noé que construyera un gran barco. ¡Y Noé lo construyó! Dios le dijo después que pusiera comida para los animales dentro del barco. Y después llevó al barco a todos los animales. También Noé y su familia entraron en el barco. Muy pronto, comenzaron a oír algo. Pas, pas, pas. ¡Lluvia! ¡Una lluvia suave y ligera! Dios había hecho que llegara la lluvia.

Pronto comenzó a llover cada vez más duro. El agua golpeaba los costados del gran barco. Pero Noé y su familia estaban secos y abrigados dentro de él. Dios estaba cuidando de ellos. Y así siguió lloviendo durante muchos, muchos días. ¡Muy pronto el barco estaba flotando en el agua!

Mucho trabajo

Noé y su familia tenían mucho trabajo que hacer. Les daban heno a los caballos y a los elefantes. Tiraban cereales y semillas para que las aves comieran. A todos los animales les daban agua fresca para que bebieran. Y todas las mañanas, Noé y su familia ordeñaban a las vacas y las cabras. Recogían los huevos que habían puesto las gallinas. Mientras tanto, todo el tiempo seguía lloviendo, lloviendo, y lloviendo.

Se seca la tierra

Por fin, después de muchos, muchos días, dejó de llover. Pero el agua cubría toda la tierra, y los arbustos y los árboles. Hicieron falta días, y días, y días, para que la tierra se secara. Un día, Noé envió un ave volando por una ventana del barco. El ave regresó al barco, porque no pudo hallar un lugar seco donde posarse.

Pocos días después, Noé envió la misma ave de nuevo. Esta vez, el ave regresó con una ramita nueva en el pico. Eso significaba que el ave había encontrado un árbol. Ya se había ido casi toda el agua.

Noé envió de nuevo aquella ave. Esta vez, el ave no regresó. Había encontrado un lugar seco donde vivir. Eso significaba que el agua había desaparecido. Dios había cuidado de Noé y de su familia, y de todos los animales. ¡Los había mantenido secos y a salvo durante toda la tormenta!

Conclusión

Noé y su familia se ayudaron unos a otros para cuidar de los animales que llevaban en el arca. También nosotros nos podemos ayudar unos a otros. Podemos hacer nuestro mejor esfuerzo cuando trabajemos. La Biblia dice: "Todo lo que hagas, hazlo como para el Señor".

• ¿En qué clase de trabajos se ayudaron unos a otros Noé y su familia?

• ¿Qué puedes hacer tú para ayudar a alguien hoy?

Name _____

"Whatever you do, do your work for the Lord." (See Colossians 3:23.)

· Child colors both sides of page.
· Child turns over page and draws a line on path through ark to show Noah's actions.
· Child retells story by describing pictures on both sides of page.

• **What did Noah and his family help each other do?**
• **What can you do to help someone today?**

God Sends a Rainbow *Genesis 8:15-22; 9:8-17*

"God, we give you thanks." 1 Chronicles 29:13

The Ground Dries Up

Noah and his family and all the animals had been living in the big boat for many days! It had rained and rained and rained! But now the rain had stopped. The water had dried up. It was time to leave the boat.

Everyone Leaves the Big Boat

Noah opened the big door in the side of the boat. Then Noah brought the animals off the boat. Thump! Thump! Thump! Out came the elephants waving their trunks.

Hippity-hop, hippity-hop, hippity-hop came the floppy-eared rabbits. The woolly lambs said "Baa-baa" as they skipped out the door.

Trot, trot, trot came the horses. And the birds flew high, high up in the sky.

Noah and his family walked out of the boat. They stretched and breathed the clean fresh air.

Noah Thanks God

Noah said, "God was good to care for us. We will give God thanks." Together, Noah and his family prayed, "Thank You, God, for caring for us in the big boat."

Then God made a very special promise. God said, "I will NEVER again cover the whole earth with water. I will put a rainbow in the sky to remind everyone of My promise." And God did just that—He put a brightly colored rainbow up in the sky. Noah, his family and all the animals could see it!

Noah and his family remembered God's promise every time they saw a rainbow! Today when we see a rainbow, we can remember God's promise, too. We can remember God's love and help. We can thank God for loving and helping us. We can thank God for helping us do good things.

Conclusion

Noah thanked God for His love and help. God helped Noah do good things and kept Noah and his family safe in the ark. We can thank God for loving and helping us, too. We can thank God for helping us do good things. The Bible says, "God, we give you thanks."

• What did Noah thank God for?

• When can you thank God for His help?

Dios envía un arco iris Génesis 8:15–22; 9:8–17

"Dios nuestro, te damos gracias". 1 Crónicas 29:13

Se seca el suelo

Noé y su familia habían estado viviendo dentro de aquel gran barco con los animales durante muchos días. ¡Había llovido, y llovido, y llovido! Pero ahora, ya no estaba lloviendo. El agua se había ido retirando. Era hora de salir del barco.

Todos salen del gran barco

Noé abrió la gran puerta que tenía el barco en un costado. Entonces sacó del barco a los animales. ¡Pum, pum, pum, salieron los elefantes, meciendo la trompa!

Saltando, saltando, saltando, salieron los conejos con sus suaves orejas. Los corderos, cubiertos de lana, decían: "¡Beee, beee!", mientras salían por la puerta dando un salto.

Trota, trota, y trota, salieron los caballos. Y las aves volaron al cielo alto, muy alto.

Noé y su familia salieron caminando de aquel barco. Se estiraron y respiraron el aire puro y limpio.

Noé da gracias a Dios

Noé dijo: "Dios fue bueno y cuidó de nosotros. Le vamos a dar gracias". Juntos, tanto él como su familia, oraron diciendo: "Gracias, Dios nuestro, por haber cuidado de nosotros mientras estábamos en ese gran barco".

Entonces Dios les hizo una promesa muy especial. Esto fue lo que dijo: "NUNCA volveré a cubrir la tierra entera con agua. Voy a poner en el cielo un arco iris para que les recuerde a todos esta promesa mía". Y eso fue lo que hizo Dios: puso en lo alto del cielo un arco iris de colores brillantes. ¡Noé, su familia y todos los animales lo pudieron ver!

¡Noé y su familia recordaban la promesa de Dios cada vez que veían un arco iris! Todavía hoy, cada vez que veamos uno, nosotros también podemos recordar esa promesa de Dios. Podemos recordar el amor y la ayuda de Dios. Le podemos dar gracias por amarnos y ayudarnos. Le podemos dar gracias por ayudarnos a hacer cosas buenas.

Conclusión

Noé le dio gracias a Dios por su amor y su ayuda. Dios lo había ayudado a hacer cosas buenas, y los había mantenido a salvo a él y a su familia dentro del arca. Nosotros también le podemos dar gracias a Dios por amarnos y ayudarnos. La Biblia dice: "Dios nuestro, te damos gracias".

• ¿Por qué Noé le dio gracias a Dios?

• ¿Cuándo podrás dar gracias tú a Dios por su ayuda?

Name _____

- Teacher cuts slits in doorway.
- Child colors both sides of page.
- Child cuts off animal strip and slides it through the slits to retell story.

"God, we give you thanks." 1 Chronicles 29:13

• What did Noah thank God for?
• When can you thank God for His help?

Abraham Obeys God Genesis 12:1-8

"Obey the Lord." Deuteronomy 27:10

Trip to a New Land

Abraham was a man who loved God. One day God said to Abraham, "Abraham, I want you to leave your home and move far away to a new land. I will show you how to get there."

Abraham told his wife, Sarah, and his nephew Lot, "We are going to move to a new land. God will show us how to get there."

Abraham and Lot had many sheep, goats, cows, camels and donkeys. And they had many helpers to take care of all those animals. Abraham told all their helpers to get ready to move to the new land.

Packing Up

What a busy time! There were so many things to do to get ready for the long trip. The helpers filled water bags with water for the animals and people to drink along the way.

Sarah and her helpers packed food for the long trip. They packed pots and pans. They tied their clothes into big bundles. Finally, everyone rolled their tents into big bundles.

And then Abraham, Sarah, Lot, all their helpers and all their animals started out on their long trip to a new land. Step, step, step—day after day they walked.

Each night they had to carefully unroll their tents and set them up. Then every morning they took down the tents and rolled them up again. It was a big job! But they knew God was taking care of them.

A New Home

Finally after many weeks of travel, God told Abraham, "This place will be your new home."

Abraham and his helpers unrolled the tents and put them up. They unpacked all their bundles. Then Abraham built a special place to pray to God. Abraham thanked God for bringing him and his family and all the helpers safely to the new land. God had been so good to Abraham!

Abraham obeyed God when God told him to move to a new land. We can obey God, too.

Conclusion

Abraham chose to obey God when God told him to move to a new land. We can choose to obey God, too. The Bible says, "Obey the Lord."

• What did Abraham do to obey God?

• What can you do to obey God and show love for Him?

Abraham obedece a Dios Génesis 12:1–8

"Obedece al SEÑOR tu Dios". Deuteronomio 27:10

De viaje hacia una nueva tierra

Abraham era un hombre que amaba a Dios. Un día, Dios le dijo: "Abraham, quiero que dejes tu hogar y te traslades muy lejos, a una nueva tierra. Yo te voy a decir cómo llegar allí".

Abraham dijo a su esposa Sara y a su sobrino Lot: "Nos vamos a ir para una nueva tierra. Dios nos dirá cómo llegar allí".

Abraham y Lot tenían una gran cantidad de ovejas, cabras, vacas, camellos y asnos. Y tenían también muchos ayudantes que cuidaban de todos aquellos animales. Abraham les dijo a todos sus ayudantes que se prepararan para irse rumbo a aquella nueva tierra.

Tiempo de empacar

¡Qué tiempo más ocupado! Eran demasiadas las cosas que había que hacer como preparación para aquel largo viaje. Los ayudantes llenaron bolsas con agua para que la gente y los animales la bebieran en el camino.

Sara y sus ayudantes empacaron la comida para el largo viaje. Empacaron las ollas y las sartenes. Amarraron grandes bultos con toda su ropa. Por último, todos enrollaron sus tiendas de campaña, convirtiéndolas en grandes atados.

Y entonces Abraham, Sara, Lot, todos sus ayudantes y todos sus animales, comenzaron su largo viaje hacia una tierra nueva. Un paso tras otro; día tras día caminaron.

Todas las noches tenían que desenrollar sus tiendas de campaña y armarlas. Después todas las mañanas las desmantelaban y las volvían a enrollar. ¡Era un trabajo fuerte aquél! Pero ellos sabían que Dios estaba cuidando de ellos.

Un nuevo hogar

Finalmente, después de muchas semanas de viaje, Dios le dijo a Abraham: "Este lugar va a ser tu nuevo hogar".

Abraham y sus ayudantes desenrollaron las tiendas y las armaron. Desempacaron todos sus bultos. Después de esto, Abraham construyó un lugar especial para orar ante Dios. Le dio gracias por haberlos llevado a él, a su familia, y a todos sus ayudantes sin ningún problema hasta la tierra nueva. ¡Dios había sido muy bueno con Abraham!

Abraham obedeció a Dios cuando le dijo que se trasladara a una tierra nueva. También nosotros podemos obedecer a Dios.

Conclusión

Abraham decidió obedecer a Dios cuando le dijo que se fuera a una tierra nueva. También nosotros podemos tomar la decisión de obedecer a Dios. Nuestra Biblia dice: "Obedece al SEÑOR tu Dios".

- ¿Qué hizo Abraham por obediencia a Dios?

- ¿Qué puedes hacer tú para obedecer a Dios y mostrar que lo amas?

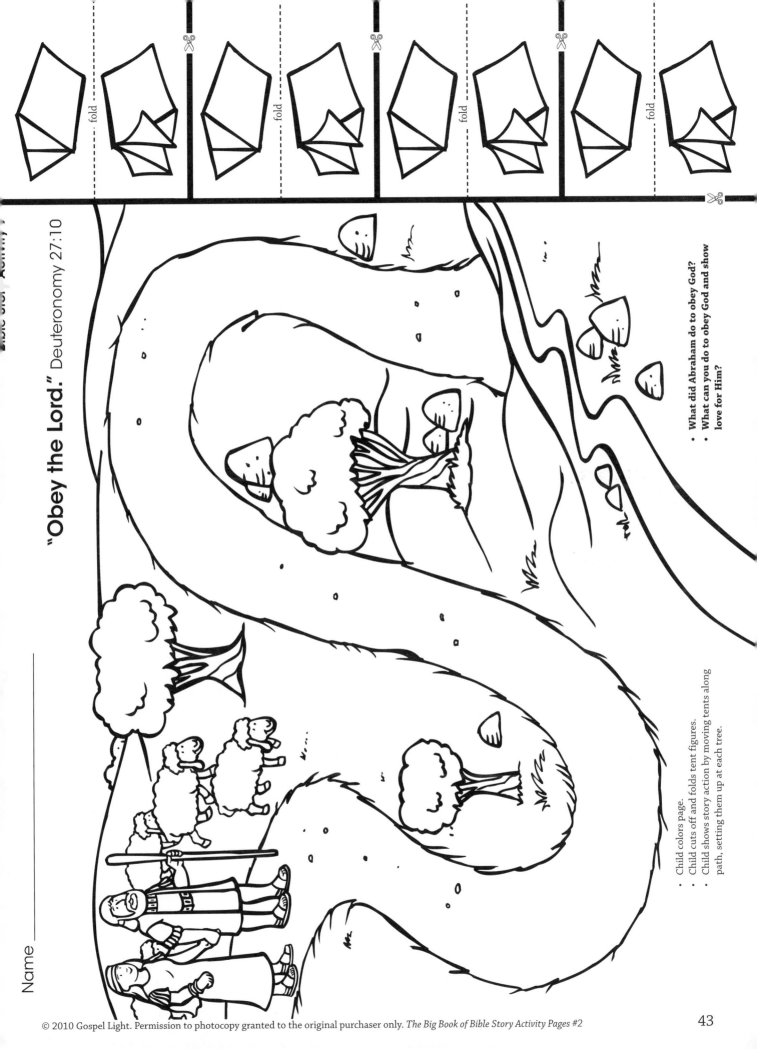

Name _____

Bible Story Activity

"Obey the Lord." Deuteronomy 27:10

fold   fold   fold   fold

- **What did Abraham do to obey God?**
- **What can you do to obey God and show love for Him?**

- Child colors page.
- Child cuts off and folds tent figures.
- Child shows story action by moving tents along path, setting them up at each tree.

Lot Chooses First Genesis 13

"Do to others as you would have them do to you." Luke 6:31

A Big Family

Abraham and Lot lived with their families in tents. Abraham and Lot had many helpers who lived near them in more tents. And Abraham and Lot had many, many cows and donkeys and sheep and goats. Everywhere you looked there were people and animals!

A Big Problem

Every day Abraham's helpers and Lot's helpers took the animals to eat green grass and to drink cool water.

Then one day there was not enough grass to eat or enough water to drink for all their animals. The helpers began to argue.

A Kind Choice

Abraham chose to do something kind. "We must stop this arguing. We need to move away from each other to find enough grass and water for all our animals," Abraham said. So Lot and Abraham climbed to the top of a hill. They could see far, far away.

Abraham was kind. He said, "You may choose first, Lot. You may choose the land you want."

Lot's Choice

Lot pointed to good land, where there was plenty of water and grass. "I'll move to that land," Lot said.

Lot took his family and his helpers and his animals to live in the good land.

Abraham took his family and his helpers and his animals to another place to live. God knew that Abraham was kind to Lot. God promised to take care of Abraham because he showed love for God by being kind.

We can choose to be kind to others, too. We love God, and we can obey Him by being kind to others.

Conclusion

Abraham chose to be kind to Lot. He gave Lot first choice of the land. We can choose to be kind to others, too, by giving others first choice. The Bible says, "Do to others as you would have them do to you."

- What did Abraham choose to do to be kind to Lot?

- What can you do to be kind?

Lot escoge primero Génesis 13

"Traten a los demás tal y como quieren que ellos los traten a ustedes". Lucas 6:31

Una familia grande

Abraham y Lot vivían con sus familias en tiendas de campaña. Los dos tenían muchos ayudantes que vivían cerca de ellos en otras tiendas. Y tenían muchas, muchas vacas, y asnos, y ovejas y cabritos. ¡Dondequiera que uno miraba, veía gente y animales!

Un gran problema

Todos los días, los ayudantes de Abraham y los de Lot sacaban a los animales a los campos para que comieran hierba verde y bebieran agua fresca.

Pero llegó un día en que ya no hubo suficiente hierba para que comieran, ni suficiente agua para todos sus animales. Entonces los ayudantes comenzaron a discutir entre ellos.

Una bondadosa decisión

Abraham decidió ser bondadoso. "Tenemos que dejar todas estas discusiones. Necesitamos separarnos unos de otros, y así podremos hallar suficientes hierba y agua suficientes para todos nuestros animales", dijo. Así que subió con Lot hasta la cima de una colina. Desde allí podían ver muy, muy lejos.

Abraham fue bondadoso. Le dijo: "Escoge tú primero, Lot. Puedes escoger la tierra que quieras".

Lo que Lot escogió

Lot señaló hacia unas tierras buenas, donde había mucha agua y mucha hierba. "Yo me voy a ir para esas tierras", le dijo.

Entonces Lot tomó a su familia, y a sus ayudantes, y a sus animales, para irse a vivir a aquellas tierras tan buenas.

Abraham tomó a su familia, con sus ayudantes y sus animales, y se fue a vivir a otro lugar. Dios sabía que Abraham había sido bondadoso con Lot. Entonces le prometió que cuidaría de él, porque al ser bondadoso, había mostrado su amor a Dios.

Nosotros también podemos tomar la decisión de ser bondadosos también con los demás. Amamos a Dios, y podemos obedecerlo siendo bondadosos con los demás.

Conclusión

Abraham decidió ser bondadoso con Lot. Le dio la oportunidad de escoger él primero las tierras que quisiera. Nosotros también podemos tomar la decisión de ser bondadosos con los demás, dándoles la oportunidad de que escojan ellos primero. Nuestra Biblia dice: "Traten a los demás tal y como quieren que ellos los traten a ustedes".

• ¿Qué decidió hacer Abraham para ser bondadoso con Lot?

• ¿Qué podrías hacer tú para ser bondadoso?

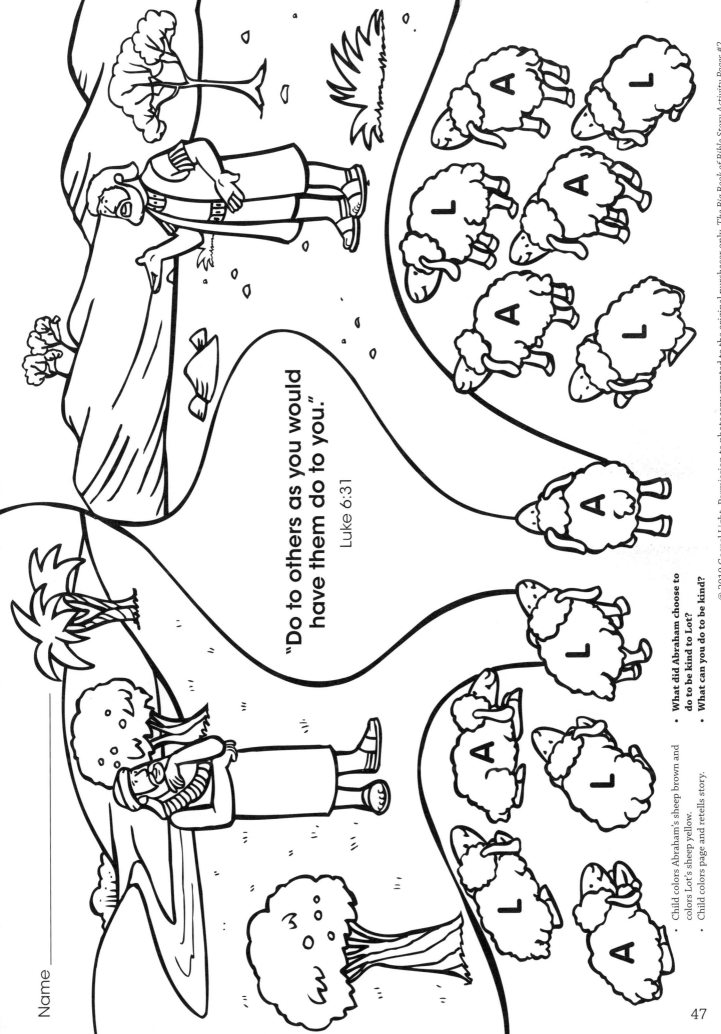

Name _____

"Do to others as you would have them do to you."

Luke 6:31

- Child colors Abraham's sheep brown and colors Lot's sheep yellow.
- Child colors page and retells story.

- **What did Abraham choose to do to be kind to Lot?**
- **What can you do to be kind?**

Isaac Is Born Genesis 17:15-19; 18:1-15; 21:1-8

"I trust in God's word." (See Psalm 119:42.)

Abraham Welcomes Visitors

Abraham and Sarah didn't have any children. That made them feel sad. But Abraham and Sarah still loved and obeyed God.

One hot day, Abraham was sitting outside of his tent. Abraham saw one, two, three visitors coming toward his tent. These visitors looked like men, but one was really God! The other two were angels. Abraham did not know who they were, but Abraham wanted to show love by sharing food with them.

Abraham hurried out to meet them. "Please stay awhile," Abraham said. "Come and rest in the shade! I'll bring water and food." The visitors sat down under the big trees by Abraham's tent. They drank the cool water that Abraham's helper brought them.

Abraham and Sarah Share Food

Abraham went inside the tent and said to his wife, Sarah, "Please make some bread—quickly!" Sarah baked bread in an oven. Abraham's helpers cooked meat. Soon the dinner was ready. Abraham took meat and bread and cheese and milk to his visitors. He was glad he could share his food with them.

Sarah Laughs

The visitors ate. Then God said to Abraham, "Next year, your wife, Sarah, will have a baby boy." Sarah was inside the tent. She was listening. A baby? she thought. How can two old people have a baby? She laughed!

God heard Sarah laugh. "Abraham," He asked, "why did Sarah laugh? Doesn't she know I can do anything? You and Sarah will have a son!"

Isaac Is Born

Abraham and Sarah did have their own baby boy—just as God said! Abraham and Sarah were very happy. They named the baby Isaac. When Isaac was a little older, Abraham and Sarah had a big party to celebrate Isaac's birth. Many, many times they must have thanked God for Isaac.

Abraham and Sarah loved and obeyed God. They were glad to share with others. We can show that we love God, too. We can obey God by sharing with others.

Conclusion

Abraham and Sarah believed God's Word. They trusted that God would do what He said. God wants us to trust in His Word, too. The Bible says, "I trust in God's word."

- **What did Abraham share with his visitors?**
- **What did God promise Abraham?**
- **Who can you share with?**

El nacimiento de Isaac Génesis 17:15–19; 18:1–15; 21:1–8

"Yo confío en la Palabra de Dios". (Paráfrasis, lee el Salmo 119:42)

Abraham recibe a unos visitantes

Abraham y Sara no tenían hijos. Eso los hacía sentir tristes. Pero a pesar de esto, ellos seguían amando y obedeciendo a Dios.

Un caluroso día, Abraham estaba sentado fuera de su tienda de campaña. Entonces vio uno, dos, y tres visitantes que se dirigían hacia la tienda. ¡Aquellos visitantes tenían el aspecto de hombres, pero en realidad, uno de ellos era Dios mismo! Los otros dos eran ángeles. Abraham no sabía quiénes eran, pero quiso mostrarles afecto, compartiendo sus alimentos con ellos.

Entonces salió a toda prisa para recibirlos. "Por favor, quédense un tiempo", les dijo. "Vengan a descansar a la sombra. Yo les voy a traer agua y comida". Los visitantes se sentaron bajo los grandes árboles que había junto a la tienda de campaña de Abraham. Bebieron el agua fresca que el ayudante de Abraham les trajo.

Abraham y Sara les preparan una cena

Abraham entró a la tienda y le dijo a su esposa Sara: "Por favor, haz un poco de pan... ¡Rápido!"Sara puso pan en el horno. Los ayudantes de Abraham cocinaron carne. Pronto estuvo lista la cena. Abraham les llevó carne, y pan, y queso, y leche a sus visitantes. Se sentía contento de poder compartir con ellos sus alimentos.

La risa de Sara

Los visitantes comieron. Entonces Dios le dijo a Abraham: "El año que viene, tu esposa Sara va a tener un niño varón". Sara estaba dentro de la tienda. Estaba escuchando. ¿Un niño?, pensó. ¿Cómo es posible que dos ancianos tengamos un niño? ¡Entonces se rió! Dios oyó reír a Sara. "Abraham", preguntó, "¿por qué se rió Sara? ¿Acaso no sabe que yo lo puedo hacer todo? ¡Tú y Sara van a tener un hijo!"

El nacimiento de Isaac

Y Abraham y Sara tuvieron su propio hijo varón, ¡tal como había dicho Dios! Estaban muy felices. Al niño le pusieron el nombre de Isaac. Cuando Isaac ya tenía algún tiempo de nacido, Abraham y Sara celebraron una gran fiesta para conmemorar su nacimiento. Le deben de haber dado gracias a Dios muchas, muchas veces, por haberles dado a Isaac.

Conclusión

Abraham y Sara creyeron la Palabra de Dios. Confiaron en que Dios haría lo que había dicho. Dios quiere que nosotros también confiemos en su Palabra. Nuestra Biblia dice: "Yo confío en la Palabra de Dios".

- **¿Qué compartió Abraham con sus visitantes?**

- **¿Qué le prometió Dios a Abraham?**

- **¿Con quién puedes tú compartir tus cosas?**

Scene 1

"I trust in God's word."

(See Psalm 119:42.)

Name _____

- What did Abraham share with his visitors?
- What did God promise Abraham?
- Who can you share with?

- Child colors both sides of page.
- Child turns page to review story action.

Scene 2

Eliezer Prays Genesis 24

"The Lord hears when I pray to him." (See Psalm 4:3.)

Eliezer Obeys

Abraham was very old. His son Isaac wasn't a baby anymore. Isaac was now a grown man!

It was time for Isaac to be married. Abraham told his helper, Eliezer (ehl-ee-EE-zuhr), "Go to the land where my family lives. Find a good wife for Isaac."

Eliezer Travels

Eliezer was glad to help Abraham and Isaac. He traveled a long, long way. He and his camels were tired and thirsty. So Eliezer stopped his camels by a well of water. But the camels couldn't reach the water in the well. Someone with a water jar needed to get water from the well and pour it into the water troughs.

Eliezer climbed down from his camel and prayed, "Dear God, please help me find a kind wife for Isaac. Help me find someone who will be kind to my camels and give them water."

Rebekah Is Kind

A young woman named Rebekah came to the well. She was carrying a water jar. "May I have a drink of your water?" Eliezer asked her.

"Yes," said Rebekah. She lowered her jar down, down into the well.

She gave Eliezer a drink. While he was drinking, Rebekah said, "I will also give water to your camels."

What a kind woman Rebekah was! Eliezer thanked her for the water. Then he went to meet her family. He gave them many gifts from Abraham and Isaac and asked if Rebekah would go with him to marry Isaac. Rebekah said, "Yes."

Eliezer prayed and thanked God for helping him find a kind woman to be Isaac's wife. The next day, Eliezer and Rebekah started on the long trip back to Isaac's home.

God heard Eliezer's prayer and helped him. God wants us to pray to Him, too.

Conclusion

Eliezer chose to pray for God's help to find a wife for Isaac. God heard Eliezer's prayer and helped him. God wants us to choose to pray to Him, too. The Bible says, "The Lord hears when I pray to him."

- **What did Eliezer talk to God about?**

- **When are some good times you can talk to God?**

La oración de Eliezer Génesis 24

"El Señor me escucha cuando lo llamo". Salmo 4:3

Eliezer obedece

Abraham era ya muy anciano. Su hijo Isaac ya no era un niño. ¡Ahora era ya un hombre grande!

Era hora de que Isaac se casara. Abraham le dijo a su ayudante Eliezer: "Vete a la tierra donde vive mi familia. Encuentra allí una buena esposa para Isaac".

El viaje de Eliezer

Eliezer se alegró de poder ayudar a Abraham y a Isaac. Hizo un viaje muy, muy largo. Tanto él como sus camellos, estaban cansados y tenían sed. Así que detuvo los camellos junto a un pozo de agua. Pero los camellos no podían alcanzar el agua del pozo. Hacía falta que alguien que tuviera un cántaro sacara agua del pozo y la echara en los bebederos.

Eliezer descendió de su camello y oró diciendo: "Dios amado, te ruego que me ayudes a encontrar una mujer bondadosa para Isaac. Ayúdame a hallar alguna mujer que sea bondadosa con mis camellos y les dé agua".

Rebeca obra con bondad

Una joven llamada Rebeca se acercó al pozo. Llevaba un cántaro de agua. Eliezer le preguntó: "¿Puedo tomar un poco de tu agua?"

"Sí", le dijo Rebeca. Entonces bajó el cántaro al pozo.

Le dio de beber a Eliezer. Mientras él estaba bebiendo el agua, Rebeca le dijo: "También les voy a dar agua a tus camellos".

¡Qué mujer tan bondadosa era Rebeca! Eliezer le dio las gracias por el agua. Después se fue a conocer a su familia. Les hizo muchos regalos en nombre de Abraham y de Isaac, y preguntó si Rebeca se podía ir con él para casarse con Isaac. Rebeca le dijo: "Sí".

Eliezer oró y le dio gracias a Dios por ayudarlo a hallar una mujer que pudiera ser la esposa de Isaac. Al día siguiente, Eliezer y Rebeca comenzaron el largo viaje de vuelta hasta el lugar donde vivía Isaac.

Dios oyó la oración de Eliezer y lo ayudó. Y quiere que nosotros oremos también.

Conclusión

Eliezer decidió orar y pedir a Dios que lo ayudara a encontrar una esposa para Isaac. Dios oyó la oración de Eliezer y lo ayudó. Dios también quiere que nosotros tomemos la decisión de orar. La Biblia dice: "El Señor me escucha cuando lo llamo".

• ¿De qué le habló Eliezer a Dios?

• ¿Cuáles son los mejores momentos en los que tú puedes hablar con Dios?

"The Lord hears
when I pray to him."

(See Psalm 4:3.)

Name _____

- **What did Eliezer talk to God about?**
- **When are some good times you can talk to God?**

- Teacher prefolds page.
- Child colors page.
- Child folds page to review story action.

fold

Isaac Digs Wells Genesis 26:12-33

"Love your neighbor." Matthew 22:39

Angry Neighbors

In Bible times, people did not have sinks and faucets in their homes. People got their water from outdoors. They dipped buckets or jars into water in deep holes in the ground. The deep holes were called wells.

Isaac needed to dig a well so his family and his helpers and his animals could have good water to drink. Dig, dig, dig—Isaac's helpers worked hard. The hole got deeper and deeper. Then water began to fill up the hole!

Everyone was happy, EXCEPT Isaac's neighbors. They shouted, "That well is OURS!" They started a big argument. Isaac did not want to argue with his neighbors. So Isaac let them have the well. Isaac moved to another place. He told his helpers to dig another well. Dig, dig, dig—the helpers worked hard. Soon water began to fill up the hole. They had found water again!

But then Isaac's neighbors came again. "That well is OURS, too!" they shouted. They were angry. They wanted that well!

More Wells

Isaac still wanted to obey God and be kind to his neighbors. So again Isaac moved to another place. And he told his helpers to dig ANOTHER well. Dig, dig, dig—the helpers worked hard. Soon water began to fill up the hole.

God's Promise

One night soon after, God said to Isaac, "Do not be afraid, Isaac. I will always be with you." Isaac thanked God for being with him.

Isaac's neighbors came again. But this time they did not shout. They did not push. They said, "We know God is with you. We will not argue with you anymore."

A Special Dinner

Isaac was very happy! He invited the neighbors to stay for dinner. Isaac was glad God helped him to show love. We can obey God and show His love, too.

Conclusion

Isaac showed God's love to his neighbors. Isaac chose not to argue with them. We can show God's love to our neighbors, too. We can choose to be kind, instead of arguing. The Bible says, "Love your neighbor."

- What did Isaac do to show God's love?

- What can you choose to do to show God's love?

The Big Book of Bible Story Activity Pages #2

Isaac cava pozos Génesis 26:12–33

"Ama a tu prójimo". Mateo 22:39

Unos vecinos enojados

En los tiempos de la Biblia, la gente no tenía lavabos ni grifos en sus casas. Había que salir de la casa para obtener el agua. Metían cubos o cántaros en el agua que había en unos hoyos profundos en el suelo. Esos hoyos profundos se llamaban pozos.

Isaac necesitó cavar un pozo para que su familia, sus ayudantes, y sus animales, pudieran tener un agua buena para beber. Cava, cava, y cava, los ayudantes de Isaac trabajaron duro. El hoyo se fue haciendo más profundo y más profundo. ¡Entonces, el hoyo se comenzó a llenar de agua!

Todo el mundo estaba feliz, MENOS los vecinos de Isaac. Lo que hicieron fue gritar: "¡Ese pozo es NUESTRO!" Entonces comenzaron una gran discusión. Isaac no quiso discutir con sus vecinos. Así que les entregó el pozo y se trasladó a otro lugar. Entonces les dijo a sus ayudantes que cavaran otro pozo. Cava, cava y cava, los ayudantes trabajaron duro. Pronto, el hoyo se comenzó a llenar de agua. ¡Habían vuelto a encontrar agua! Pero entonces, llegaron de nuevo los vecinos de Isaac: "¡Ese pozo también es NUESTRO!", gritaron. Estaban enojados. ¡Querían también aquel pozo!

Más pozos

Isaac seguía queriendo obedecer a Dios y ser bondadoso con sus vecinos. Así que otra vez se trasladó a otro lugar. Y les dijo a sus ayudantes que cavaran OTRO pozo. Cava, cava, cava, los ayudantes trabajaron duro. Pronto, el hoyo se comenzó a llenar de agua.

La promesa de Dios

Una noche poco después, Dios le dijo a Isaac: "No temas, Isaac. Yo siempre voy a estar contigo". Isaac le dio gracias a Dios por estar con él.

Los vecinos de Isaac aparecieron otra vez. Pero esta vez no gritaron. No lo empujaron. Le dijeron: "Nosotros sabemos que Dios está contigo. No vamos a seguir discutiendo ya más contigo".

Una cena especial

¡Isaac se sintió muy feliz! Entonces invitó a sus vecinos a quedarse para la cena. Isaac se sentía contento porque Dios lo había ayudado a mostrar amor. Nosotros también podemos obedecer a Dios y mostrar su amor.

Conclusión

Isaac les mostró a sus vecinos el amor de Dios. Decidió no discutir con ellos. Nosotros también les podemos mostrar a nuestros vecinos el amor de Dios. Podemos tomar la decisión de ser bondadosos, en vez de ponernos a discutir. La Biblia dice: "Ama a tu prójimo".

- ¿Qué hizo Isaac para mostrar el amor de Dios?

- ¿Qué te puedes decidir a hacer tú para mostrar el amor de Dios?

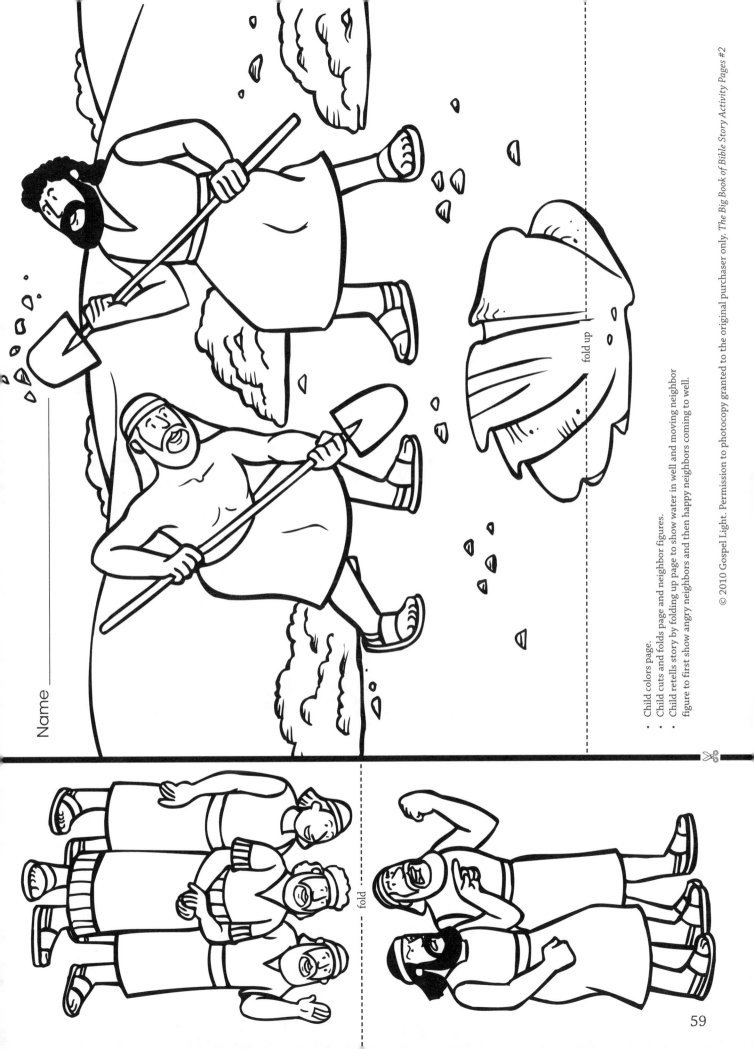

Name _____

• Child colors page.
• Child cuts and folds page and neighbor figures.
• Child retells story by folding up page to show water in well and moving neighbor figure to first show angry neighbors and then happy neighbors coming to well.

fold up

fold

© 2010 Gospel Light. Permission to photocopy granted to the original purchaser only. *The Big Book of Bible Story Activity Pages #2*

59

"Love your neighbor."
Matthew 22:39

- What did Isaac do to show God's love?
- What can you choose to do to show God's love?

Joseph and His Brothers Genesis 37

"The Lord your God will be with you wherever you go." Joshua 1:9

Favorite Son

Our Bible tells about a boy named Joseph. Joseph had 11 brothers. Joseph and his brothers took care of the family's sheep and watched to make sure no sheep got lost.

Joseph's father was named Jacob. Jacob loved Joseph the best of all his sons. To show that he loved Joseph, Jacob gave him a beautiful coat. But the beautiful coat made his brothers angry!

Angry Brothers

Later Joseph told his family about two dreams that he had. Both dreams were about his family bowing to Joseph. It sounded like Joseph would be their leader. The dreams made his brothers REALLY angry!

Mean Brothers

Not long after this, Joseph's brothers took the sheep out to find new grass. They had to go a long way and were gone for a long time. Jacob sent Joseph to find out how they were.

Joseph walked and walked. He looked for his brothers. Joseph's brothers saw him coming a long way off. The brothers remembered how angry they were at Joseph. They made a plan to take Joseph's coat and hurt Joseph!

But the oldest brother said, "Don't hurt him. Just throw him in this deep hole in the ground." And that's just what the brothers did.

Then the brothers noticed some traders coming. (Traders are people who buy and sell things.) One brother said, "Let's SELL Joseph. These traders will take him far, far away." So the brothers sold Joseph to the traders.

Sad Slave

Joseph was sold as a slave. (A slave is a person who is owned by someone else and has to work without getting paid.) He was taken far, far away to Egypt. Joseph must have been very sad.

Even though Joseph was far from home, God was with him. God is with us, too.

Conclusion

God was with Joseph everywhere he went. God promises to be with us, too. The Bible says, "The Lord your God will be with you wherever you go."

• Who was with Joseph everywhere he went?

• Where do you like to go? God is always with you.

The Big Book of Bible Story Activity Pages #2

José y sus hermanos Génesis 37

"El Señor tu Dios te acompañará dondequiera que vayas". Josué 1:9

El hijo favorito

Nuestra Biblia nos habla de un muchacho llamado José. José tenía once hermanos. Él y sus hermanos cuidaban de las ovejas de la familia, y las vigilaban para asegurarse de que ninguna de ellas se perdiera.

El padre de José se llamaba Jacob. Jacob amaba a José más que a todos sus hermanos. Para mostrar que lo amaba, le dio una túnica muy bonita. ¡Pero aquella túnica tan bonita hizo que sus hermanos se enojaran!

Unos hermanos enojados

Más tarde, José contó a su familia dos sueños que él había tenido. En los dos sueños, la familia entera se inclinaba ante él. Daban la impresión de que José sería su líder. ¡Aquellos sueños sí que hicieron que sus hermanos se sintieran VERDADERAMENTE enojados!

Unos hermanos malvados

Poco después de aquello, los hermanos de José sacaron a las ovejas para ir en busca de nuevos pastos. Tuvieron que ir muy lejos, y llevaban ya bastante tiempo fuera. Jacob envió a José para que se informara de cómo estaban.

José caminó y caminó. Andaba buscando a sus hermanos. Los hermanos de José lo vieron acercarse desde muy lejos. Entonces recordaron lo enojados que estaban con él. ¡Así que idearon un plan para quitarle la túnica y herirlo!

Pero el hermano de más edad, dijo: "No le hagamos daño. Vamos a tirarlo dentro de este cisterna tan profundo que hay en el suelo". Y eso fue lo que hicieron los hermanos.

Entonces vieron que se acercaban unos traficantes. (Los traficantes o mercaderes son gente que compra y vende cosas). Uno de los hermanos dijo: "Vamos a VENDER a José. Estos traficantes se lo van a llevar muy, muy lejos". Así que los hermanos vendieron a José a los traficantes.

Un triste esclavo

José fue vendido como esclavo. (Un esclavo es una persona que es propiedad de otra, y que tiene que trabajar sin que le paguen). Lo llevaron muy, muy lejos, hasta Egipto. José se debe haber sentido muy triste.

Pero, aunque José estaba tan lejos de su familia, Dios estaba con él. Dios también está con nosotros.

Conclusión

Dios estaba con José dondequiera que iba. Y Dios promete estar también con nosotros. La Biblia dice: "El Señor tu Dios te acompañará dondequiera que vayas".

• ¿Quién estaba con José dondequiera que él iba?

• ¿Dónde te gusta ir? Dios siempre está contigo.

Name _____

"The Lord your God will be with you wherever you go." Joshua 1:9

Scene 4

Scene 2

- Who was with Joseph everywhere he went?
- Where do you like to go? God is always with you.

- Teacher cuts and prefolds page.
- Child colors scenes.
- Teacher assists child in taping scenes at X's (see sketch on back of this page) to make a picture square.
- Child moves picture square to review story.

Scene 1

Scene 3

63

tape

tape

Joseph in Prison Genesis 39—40

"Don't get tired of doing what is right." (See 2 Thessalonians 3:13.)

A Slave

Joseph's brothers had been mean to him and sold him as a slave. (A slave is a person who is owned by someone else and has to work without getting paid.) Joseph was far away from his family. But God still cared about him.

Joseph was sold to a man named Potiphar (PAHT-ih-fuhr). Joseph worked hard for Potiphar. He did his best work. And God helped Joseph. Soon, Potiphar put Joseph in charge of his house.

A Prisoner

Joseph was in charge of all of Potiphar's helpers and money! But then, Potiphar's wife lied about Joseph. Potiphar put Joseph into JAIL, even though Joseph had not done anything wrong.

Joseph decided to keep on doing what was right, even when he was in jail. Joseph knew God loved him.

Joseph worked in the jail. Joseph did a VERY good job. Because Joseph did such good work, the jailer put Joseph in charge of everyone in the jail!

A Dream

One day Joseph saw a very sad man. The man had been an important helper to the king. He was called the king's cupbearer. He had tasted everything Pharaoh was going to drink—to make sure that it was safe. But the king got angry at him and put the man in jail. The man had a dream that he didn't understand. The man told his dream to Joseph.

"God has helped me know what your dream means," said Joseph. "In three days you will get out of jail. You will work for the king again. When you go back, please ask the king to let me out of here. I haven't done anything wrong." The man said he would help Joseph.

Three days later the man went back to his old job. But the man forgot all about Joseph! Joseph stayed in jail for a long, long time. But Joseph didn't give up. He knew God was still with him.

Conclusion

Joseph kept doing what was right, no matter where he was. We can keep on doing what is right, too. The Bible says, "Don't get tired of doing what is right."

- God was with Joseph in jail. What did God help Joseph do?

- What are some right actions God helps you do?

José en la prisión Génesis 39-40

"No se cansen de hacer el bien". 2 Tesalonicenses 3:13

Esclavo

Los hermanos de José habían sido malos con él, y lo habían vendido como esclavo. (Un esclavo es una persona que es propiedad de otra, y que tiene que trabajar sin que le paguen). José estaba muy lejos de su familia. Pero Dios seguía cuidando de él.

José fue vendido a un hombre llamado Potifar. Y trabajó duro para Potifar. Trabajó lo mejor que pudo. Y Dios lo ayudó. Pronto, Potifar lo puso a cargo de todos los asuntos de su casa.

Prisionero

¡José estaba encargado de todos los ayudantes y todo el dinero de Potifar! Pero entonces, la mujer de Potifar mintió acerca de José. Potifar lo metió en la PRISIÓN, a pesar de que José no había hecho nada malo.

José decidió seguir cumpliendo con su deber, aunque estuviera en la prisión. Él sabía que Dios lo amaba.

En la prisión, José trabajaba. Hacía un trabajo MUY bueno. ¡Por hacer un trabajo tan bueno, el carcelero lo encargó de todos los que estaban allí en la prisión!

Un sueño

Un día, José vio que un hombre estaba muy triste. Aquel hombre había sido importante entre los ayudantes del rey. Había tenido el cargo de copero del rey. Había estado encargado de probar todo lo que el faraón iba a beber, para asegurarse de que no corría peligro. Pero el rey se enojó con él y lo mandó a la prisión. Este hombre había tenido un sueño que no comprendía. El hombre le contó su sueño a José.

"Dios me ha ayudado a saber lo que significa tu sueño", le dijo José. "Dentro de tres días, vas a salir de la prisión. Vas a trabajar para el rey otra vez. Cuando regreses, te ruego que le pidas al rey que me deje salir de aquí. Yo no he hecho nada malo". El hombre le dijo a José que lo ayudaría.

Tres días más tarde, el hombre regresó a su puesto de antes. ¡Pero se olvidó por completo de José! Y José siguió metido en la prisión durante mucho, mucho tiempo. Pero no se dio por vencido. Sabía que Dios seguía estando con él.

Conclusión

José siguió haciendo lo que debía, sin importarle dónde estuviera. Nosotros también podemos seguir haciendo lo que debemos. La Biblia dice: "No se cansen de hacer el bien".

- Dios estaba con José en la prisión. ¿Qué le ayudó a hacer a José?

- ¿Cuáles son las buenas acciones que Dios te ayuda a hacer?

fold

**Bible Story
Activity 15**

- Teacher cuts and prefolds page.
- Child colors page.
- Child folds and opens flaps to review story.

Name _____

"Don't get tired of doing what is right."

(See 2 Thessalonians 3:13.)

- God was with Joseph in jail. What did God help Joseph do?
- What are some right actions God helps you do?

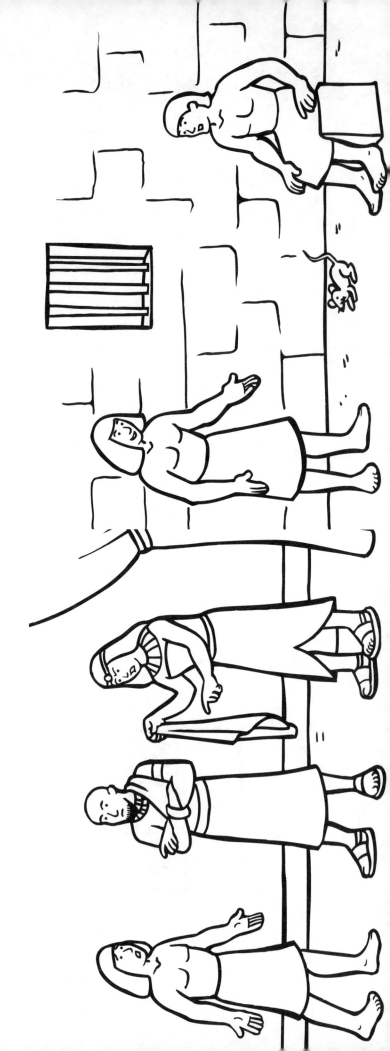

Joseph Shares Food Genesis 41

"Share with God's people who are in need." Romans 12:13

Fat Cows and Skinny Cows

One night, the king of Egypt had a very strange dream. The next morning, the king told his helpers, "In my dream, seven fat cows came out of the river. Then seven skinny cows came out of the river. Then the seven skinny cows ate the fat cows, but they stayed skinny."

"What could this strange dream mean?" the king asked. No one could tell him.

"Joseph might be able to tell you what your dream means," one of the king's helpers said.

"Bring Joseph to me!" the king said. When Joseph came, the king said, "I had a dream, but I don't know what it means. Can you tell me what my dream means?"

"No, I can't," Joseph said. "But God will help me know what your dream means." So the king told Joseph his dream.

Joseph said, "The seven fat cows mean that for seven years we will have more than enough food to eat. The skinny cows mean that after those seven good years, there will be seven hard years with nothing to eat. We need to save our extra grain. We can put it in big barns. Then when no grain is growing, the people can use the grain we have saved to make food."

The king told Joseph, "Since God helped you know what my dream meant, I want you to make sure that the extra grain is saved."

Big Barns

Joseph told the king's helpers to build big buildings. For seven years the helpers poured the extra grain into sacks. The helpers put the sacks into the big buildings.

After seven years, no grain grew at all. "We have no grain," the people told the king. "And we are hungry." The king told the people to go to Joseph. Then Joseph opened the buildings and sold the grain to the people.

God was with Joseph and helped him make sure all the people had the grain they needed. God is always with us. He can help us share with others.

Conclusion

Joseph shared grain with many people so that they could make food. We can share with others, too. The Bible says, "Share with God's people who are in need."

- What did God help Joseph share with others?

- What can you share?

The Big Book of Bible Story Activity Pages #2

José distribuye los alimentos Génesis 41

"Ayuden a los hermanos necesitados". Romanos 12:13

Las vacas gordas y las vacas flacas

Una noche, el rey de Egipto tuvo un sueño muy extraño. A la mañana siguiente, el rey les dijo a sus ayudantes: "En mi sueño, vi que salían del río siete vacas gordas. Después, salieron del río siete vacas flacas. Entonces, las siete vacas flacas se comieron a las vacas gordas, pero éstas siguieron flacas".

"¿Qué podría significar este sueño tan extraño?", les preguntó el rey. Nadie le pudo decir.

"Tal vez José te pueda decir lo que significa tu sueño", le dijo al rey uno de sus ayudantes.

"¡Tráiganme a José!", dijo el rey. Cuando llegó José, el rey le dijo: "Yo tuve un sueño, pero no sé lo que significa. ¿Me puedes decir tú lo que significa ese sueño que tuve?"

"No; yo no puedo", le dijo José. "Pero Dios me ayudará a saber lo que significa tu sueño". Así que el rey le contó a José su sueño.

José le dijo: "Las siete vacas gordas significan que durante siete años vamos a tener más comida de la que necesitamos. Las vacas flacas significan que después de esos siete años buenos, tendremos siete años difíciles en los que no tendremos nada que comer. Necesitamos guardar los cereales que nos sobren. Los podemos poner en grandes graneros. Entonces, cuando no crezcan cereales, el pueblo puede usar los que hayamos guardado, para hacer su comida".

El rey le dijo a José: "Puesto que Dios te ayudó a saber lo que significaba mi sueño, yo quiero que seas tú el que te asegures de que se guarde ese cereal que sobre".

Los grandes graneros

José dijo a los ayudantes del rey que construyeran grandes graneros. Durante siete años, los ayudantes fueron metiendo en sacos los cereales que sobraban. Después, metieron los sacos en aquellos grandes almacenes.

Al cabo de siete años, se acabó la producción de cereales. "No tenemos cereales", le dijo el pueblo al rey. "Y tenemos hambre". El rey le dijo al pueblo que fuera a José. Entonces José abrió los almacenes y vendió los cereales al pueblo.

Dios estaba con José, y lo ayudó a asegurarse de que todo el pueblo tuviera los cereales que necesitaba. Dios siempre está con nosotros, y nos puede ayudar a compartir con los demás lo que tenemos.

Conclusión

José compartió los cereales con mucha gente, para que pudiera hacer sus comidas. Nosotros también podemos compartir con los demás lo que tenemos. La Biblia dice: "Ayuden a los hermanos necesitados".

- **¿Qué pudo compartir José con el pueblo porque Dios lo ayudó?**

- **¿Qué puedes compartir tú?**

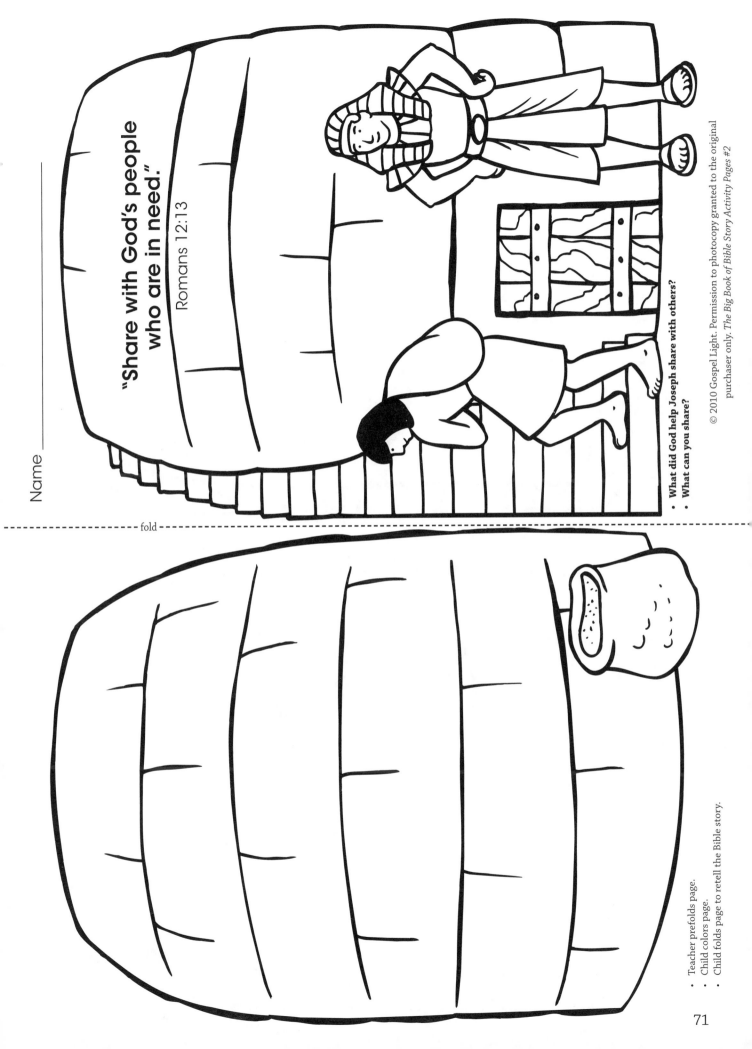

Name _____

"Share with God's people who are in need."

Romans 12:13

- **What did God help Joseph share with others?**
- **What can you share?**

© 2010 Gospel Light. Permission to photocopy granted to the original purchaser only. *The Big Book of Bible Story Activity Pages #2*

: Teacher prefolds page.
: Child colors page.
: Child folds page to retell the Bible story.

71

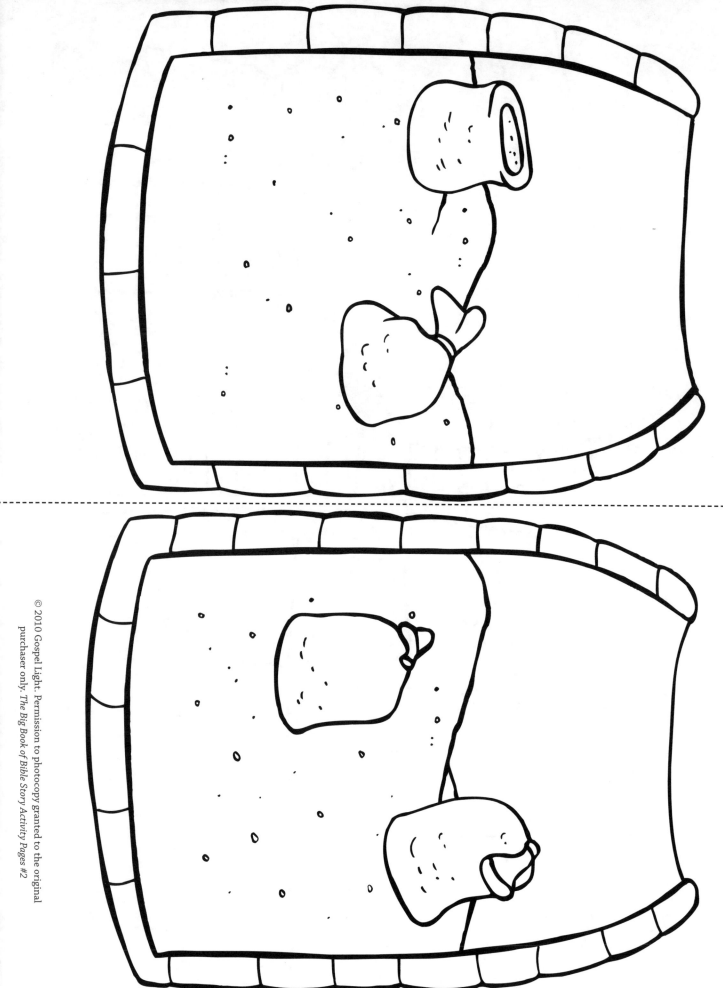

Joseph Forgives His Family Genesis 42:1-8; 43:16; 45; 46:5-7

"Love one another." John 13:34

Joseph's Brothers Go to Egypt

No food was growing where Jacob and his family lived. They would soon have nothing to eat. Then Jacob heard that he could buy grain in Egypt. Grain was just what Jacob and his family needed to make bread and other good foods.

Jacob said to 10 of his sons, "I want you to go to Egypt and buy some grain for us to eat."

Right away the 10 brothers started on their trip to Egypt. When the brothers finally got to Egypt, they went to the leader who was selling grain. They didn't know that this leader was their brother Joseph! The brothers hadn't seen Joseph since he was a teenager. Now he was all grown up. He was dressed like an Egyptian king.

Joseph Welcomes His Brothers

When Joseph looked to see who wanted to buy grain, he was surprised! He knew the men standing in front of him were his very own brothers! "We have come to buy grain," the brothers said to Joseph.

Joseph said to his helpers, "Bring these men sacks of grain." The helpers loaded the brothers' donkeys with sacks of grain. The brothers returned home.

Later, Joseph's brothers returned to Egypt because they needed more grain. This time Joseph told them, "I am your brother Joseph." The brothers were very surprised! At first they were afraid. They had been very mean to him. *Now will Joseph be mean to us?* they wondered.

Joseph Forgives His Brothers

But Joseph hugged each of them. "Take plenty of grain home," Joseph said kindly. "Then hurry back here. Bring our father, Jacob, and all your families back here to live." Soon Joseph's father and brothers and their families came to live with Joseph. They must have been glad to be together again!

Conclusion

When Joseph forgave his brothers, he showed God's love to them. God can help us to show love to people, too. The Bible says, "Love one another."

• What is a way Joseph showed love to his brothers?

• What are ways we can show love to other people?

The Big Book of Bible Story Activity Pages #2

José perdona a su familia Génesis 42:1–8; 43:16; 45; 46:5–7

"Que se amen los unos a los otros". Juan 13:34

Los hermanos de José van a Egipto

Donde vivían Jacob y su familia, no se conseguía ningún alimento. Pronto no tendrían nada que comer. Entonces Jacob oyó decir que se podía comprar cereales en Egipto. Los cereales eran precisamente lo que necesitaban Jacob y su familia para hacer el pan y otras comidas.

Jacob les dijo a diez de sus hijos: "Quiero que vayan a Egipto y compren algo de cereales para que comamos".

En seguida, los diez hermanos comenzaron su viaje a Egipto. Cuando por fin llegaron a Egipto, fueron donde estaba el líder que estaba vendiendo los cereales. ¡No sabían que aquel líder era su hermano José! Los hermanos no habían visto a José desde que era adolescente. Ahora ya era hombre. Y estaba vestido como si fuera un rey egipcio.

José recibe a sus hermanos

¡Cuando José miró para ver quiénes eran los que querían comprar el cereal, se llevó una sorpresa! Sabía que los hombres que estaban allí de pie delante de él eran sus propios hermanos. "Hemos venido para comprar cereales", le dijeron los hermanos a José.

José dijo a sus ayudantes: "Tráiganles sacos de cereales a estos hombres". Los ayudantes cargaron los asnos de los hermanos con sacos de cereales. Los hermanos volvieron al lugar donde vivían.

Más tarde, los hermanos de José volvieron a Egipto, porque necesitaban más cereales. Esta vez, José les dijo: "Yo soy José, su hermano". ¡Los hermanos se sintieron muy sorprendidos! Al principio tuvieron miedo. Ellos habían sido muy malos con él. Y ahora, *¿José será malo con nosotros?*, se preguntaban.

José perdona a sus hermanos

Pero José los abrazó a todos. "Llévense mucho cereal", les dijo con bondad. "Y después dense prisa en volver aquí. Vuelvan con nuestro padre Jacob y con todas las familias de ustedes, para que vivan aquí". Muy pronto, el padre de Jacob, con sus hermanos y las familias de ellos, volvieron para vivir con José. ¡Deben haberse sentido muy contentos de haber estado reunidos otra vez!

Conclusión

Cuando José perdonó a sus hermanos, les mostró el amor de Dios. También Dios puede ayudar a nosotros a mostrar amor a las personas. La Biblia dice: "Que se amen los unos a los otros".

- **¿De qué manera mostró amor José a sus hermanos?**

- **¿De qué manera les podemos mostrar amor nosotros a otras personas?**

Name _____

Jacob sent his sons to Egypt to buy grain.

Scene 1

The sons traveled for many days.

Scene 2

Joseph sold his brothers grain, but he did not tell them who he was.

- Child colors page.
- Child cuts along lines, puts Scenes 1-4 in order and then turns scenes over and assembles Scene 5 to retell story action.

cene 3

His brothers went home and came back to Egypt again.

Egypt

Scene 4

This time, Joseph told his brothers who he was. He forgave them and hugged each one.

• **What is a way Joseph showed love to his brothers?**
• **What are ways that we can show love to other people?**

Scene 5

Crossing the Jordan Joshua 3:1—4:18

"The Lord is my helper; I will not be afraid." Hebrews 13:6

Rushing River

God's people were glad! They were almost to their new land. They were camped by a river. Their new land was on the other side of that river.

Joshua was their leader. He told the people God's instructions. "Get ready. Tomorrow God will do amazing things!"

The people got ready. But then they looked at the river. The water moved fast. It looked scary! No one could swim across that fast river! *How will we cross the river and get to the new land?* they might have thought.

Dry Ground

God had told Joshua just what to do. When it was time to cross the river, Joshua said, "Follow the priests!" (The priests were people who taught about God.) The priests came to the edge of that rushing river. The priests' feet touched the water. Then something amazing happened! The water stopped rushing by! All the water stopped far away from where the people were standing.

"God did this!" the people shouted. "We can walk across! Thank You, God!"

Big Stones

All of God's people walked across the river. After they walked across, each family leader went back into the riverbed and picked up a big stone to bring back.

After everyone was across the river, WHOOSH! The water came rushing back! God's people stacked up the stones they had taken from the riverbed. Whenever the people saw those stones, they remembered how God had helped them cross the river. The stones helped people remember how God made the water stand up like a wall. The people told each other about God's power and help!

Conclusion

God helped the people when they were afraid and did not know how to cross the river. God helps us, too. The Bible says, "The Lord is my helper; I will not be afraid."

• What did God do to help His people?

• What is a way that God helps you?

El pueblo cruza el río Jordán Josué 3–4:18

"El Señor es quien me ayuda; no temeré". Hebreos 13:6

Un río crecido

¡El pueblo de Dios estaba contento! Ya casi estaba en su nueva tierra. Había acampado junto a un río. Y su nueva tierra estaba al otro lado de ese río.

Josué era su líder. Él fue quien dio al pueblo las órdenes que había recibido de Dios: "Prepárense. ¡Mañana, Dios hará cosas maravillosas!"

El pueblo se preparó; pero cuando miraban al río, veían que el agua corría con mucha fuerza. ¡Daba miedo! ¡Nadie iba a poder atravesar nadando aquel río tan crecido! *¿Cómo vamos a cruzar el río para llegar a esa nueva tierra?*, deben de haber pensado.

Tierra seca

Dios le había dicho a Josué con todo detalle lo que debían hacer. Cuando llegó el momento de cruzar el río, Josué dijo: "¡Sigan a los sacerdotes!" (Los sacerdotes eran hombres que enseñaban acerca de Dios). Entonces, los sacerdotes llegaron hasta el borde de aquel río tan crecido. Sus pies tocaron el agua. ¡Y sucedió algo asombroso! ¡El agua dejó de correr! Toda el agua se detuvo muy lejos de donde estaba el pueblo.

"¡Dios es quien hizo esto!", gritó el pueblo. "¡Ahora lo podemos atravesar a pie! ¡Gracias, Dios nuestro!"

Unas piedras grandes

Todo el pueblo de Dios atravesó a pie el río. Después que lo atravesaron caminando, todos los líderes de las familias del pueblo regresaron al lecho del río, recogieron una gran piedra y regresaron con ella.

Apenas habían cruzado todos el río, ¡VUUM! ¡El agua volvió a correr con gran fuerza! El pueblo de Dios apiló las piedras que habían tomado del lecho del río. Cada vez que el pueblo veía esas piedras, recordaba la forma en que Dios los había ayudado a cruzar el río. Esas piedras ayudaban al pueblo a recordar que Dios había hecho que se detuviera el agua y se volviera como una verdadera pared. ¡La gente del pueblo hablaba entre sí del poder y la ayuda de Dios!

Conclusión

Dios ayudó al pueblo cuando éste temía, y no sabía cómo cruzaría el río. También a nosotros nos ayuda. La Biblia dice: "El Señor es quien me ayuda; no temeré".

- **¿Qué hizo Dios para ayudar a su pueblo?**

- **¿De qué manera te ayuda Dios a ti?**

"The Lord is my helper; I will not be afraid."

Hebrews 13:6

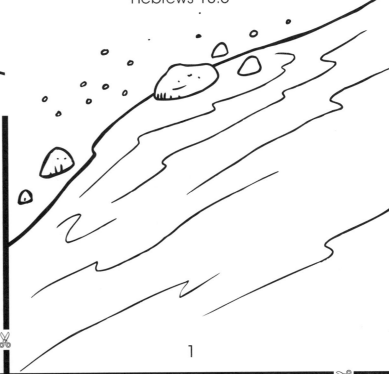

1

4

Name _____

- Child colors page.
- Child cuts page and inserts slits into each other to make stand-up story scenes.
- Child retells story by showing scenes.

1

2

2

3

3

4

- **What did God do to help His people?**
- **What is a way that God helps you?**

Walls Fall Down Joshua 6

"I trust in the Lord." Psalm 31:6

God Promises to help His People

God's people were in the land God had promised them. But the land was full of people who did not like them. These people had many strong armies. They wanted to keep God's people out. Some of these people lived in Jericho, a city with very big walls. Those big walls kept God's people out.

God told Joshua, "March your army around Jericho one time every day for six days. Then on the seventh day, march around the city seven times. Have the priests blow the horns. When the people hear a long and loud trumpet sound, tell them to shout! The walls of the city will fall down!"

God's People Obey

Joshua told the people about God's instructions. God's people looked up at the big strong walls. They did not look like they would fall! But the people got ready to follow God's instructions.

The people marched all the way around Jericho. No one said a word. Then God's people went back to their camp.

The second day, God's people marched around the city again. The people marched—stomp, stomp, stomp. The people marched each day for six days. They did what God had told them to do.

God Helps His People

On the seventh day, the people again marched around the huge walls with the priests blowing their horns. Nothing happened—yet! The people marched around a second time. They marched a third time. They went around a fourth time—a fifth time—a sixth time. The seventh time the people marched around and the priests blew their horns long and loud. Then the Israelites shouted! They shouted loudly!

Suddenly the ground began to shake. The walls cracked! The walls came down—CRASH! And the Israelites marched straight into the city, just as God had promised!

Conclusion

God helped Joshua and His people at the city of Jericho. God helps us, too. The Bible says, "I trust in the Lord."

- What did God do to help His people at Jericho?

- We can trust God to help us. What does God do to help you?

Se derrumban las murallas Josué 6

"Confío en ti, SEÑOR". Salmo 31:6

Dios promete ayudar a su pueblo

El pueblo de Dios estaba en la tierra que Dios le había prometido. Pero aquella tierra estaba llena de gente a quienes no les agradaba. Esa gente tenía muchos ejércitos muy fuertes. Quería mantener al pueblo de Dios fuera de aquella tierra. Parte de aquella gente vivía en Jericó, una ciudad que tenía unas murallas muy grandes. Aquellas grandes murallas no le permitían la entrada al pueblo de Dios.

Dios dijo a Josué: "Haz que tu ejército marche alrededor de Jericó una vez al día durante seis días seguidos. Entonces, en el séptimo día, marchen dándole siete vueltas a la ciudad. Haz que los sacerdotes toquen las trompetas. ¡Cuando el pueblo oiga un sonido de trompeta largo y fuerte, diles que griten todos! ¡Las murallas de la ciudad se derrumbará!"

El pueblo de Dios obedece

Josué le habló al pueblo de las órdenes que le había dado Dios. El pueblo de Dios levantó la mirada hacia aquellas murallas tan grandes y tan fuertes. ¡No daba la impresión de que se fueran a derrumbar! Pero se prepararon para seguir las órdenes de Dios. El pueblo dio una vuelta completa alrededor de Jericó. Nadie dijo una sola palabra. Entonces, todo el pueblo regresó a su campamento. Al segundo día, el pueblo de Dios marchó otra vez alrededor de la ciudad. Allí iba marchando el pueblo; paso tras paso tras paso. El pueblo marchó así todos los días durante seis días seguidos. Hicieron lo que Dios les había dicho que hicieran.

Dios ayuda a su pueblo

Al séptimo día, el pueblo marchó de nuevo alrededor de aquellas inmensas murallas, y los sacerdotes iban tocando sus trompetas. No sucedió nada… ¡todavía! El pueblo marchó por segunda vez. Marchó por tercera vez. Marchó por cuarta vez, y por quinta, y por sexta vez. A la séptima vez, el pueblo marchó alrededor de la ciudad y los sacerdotes tocaron sus trompetas con un sonido largo y fuerte. ¡Entonces todos los israelitas gritaron! ¡Y gritaron fuerte!

De repente, el suelo se comenzó a sacudir. ¡Se abrieron grietas en las murallas! ¡Y las murallas se vinieron abajo con un gran estrépito! ¡PUM! Entonces, los israelitas marcharon hacia dentro de la ciudad, tal como Dios les había prometido.

Conclusión

Dios ayudó a Josué y a su pueblo en la ciudad de Jericó. Dios también nos ayuda a nosotros. La Biblia dice: "Confío en ti, SEÑOR".

• ¿Qué hizo Dios para ayudar a su pueblo en Jericó?

• Nosotros podemos confiar en que Dios nos ayude. ¿Qué hace Dios para ayudarte a ti?

- Child colors page.
- Child folds page to retell story.

- **What did God do to help His people at Jericho?**
- **We can trust God to help us. What does God do to help you?**

fold

"I trust in the Lord." Psalm 31:6

Deborah Obeys God Judges 4:1-16; 5:4,20-21

"Hear the word of God and obey it." Luke 11:28

Deborah Obeys God

Deborah was a woman who loved God and listened to Him. God told Deborah messages to give to His people. God loved His people, but they were not listening to Him. They were not obeying Him. They were not talking to Him. Because they disobeyed God, the people had big trouble!

An army with many strong soldiers and 900 chariots wanted to fight God's people!

Finally, the people of Israel remembered to pray to God. God gave Deborah a message for a man named Barak (BEHR-uhk). Deborah told Barak, "God has an important job for you. God says, 'Take some men to Mount Tabor. I will bring all the enemy chariots and army to the river there. I will help you stop that army from causing trouble.'"

But Barak was afraid of the big army with chariots! Barak said, "Deborah, if you go with me, I will go. But if you don't go, I won't go."

Deborah wanted Barak to trust God and obey. "I will go with you," she said.

Barak Obeys God

Soon some men went with Barak and Deborah up Mount Tabor. The enemy army was getting ready to fight, too. All 900 chariots rode toward Mount Tabor. The enemy soldiers were sure they would win. But they didn't know that God's people had GOD'S help!

Deborah and Barak looked down from the mountain. They could see out across the big flat land. The chariots were coming closer and CLOSER. Soon the whole valley was FULL of chariots!

Deborah smiled at Barak. "Go!" she said. "God will help you. You will win!"

God helps Barak and Deborah

Barak and his men started down the mountain. Just then, God sent a thunderstorm! Lightning flashed. Rain poured. The chariots got stuck in the mud! The soldiers ran away from their stuck chariots. Barak's men chased them until there was no one left to chase!

Deborah and Barak were glad they had obeyed God. We can obey God and His Word, too. God will help us.

Conclusion

Deborah and Barak obeyed God. We can obey God, too. We can listen to God's Word and obey it. The Bible says, "Hear the word of God and obey it."

• What did Deborah and Barak do to obey God?

• What can you do to obey God's Word?

Débora obedece a Dios Jueces 4:1-16; 5:4, 20-21

"Oye la Palabra de Dios y guárdala". (Paráfrasis, lee Lucas 11:28)

Débora obedece a Dios

Débora era una mujer que amaba y Dios y lo escuchaba. Dios le daba mensajes para que se los diera a conocer a su pueblo. Dios amaba a su pueblo, pero ese pueblo no lo estaba escuchando. No lo estaba obedeciendo. No estaban hablando con Él. ¡Por haber desobedecido a Dios, el pueblo estaba metido en un gran problema! ¡Un ejército con muchos soldados fuertes y novecientos carros de batalla quería pelear con el pueblo de Dios!

Al fin, el pueblo recordó que necesitaba orar. Dios le dio a Débora un mensaje para un hombre llamado Barac. Esto es lo que Débora dijo a Barac: "Dios tiene un trabajo importante para ti. Dios te dice: 'Vete con algunos hombres al monte Tabor. Yo voy a llevar a todos los carros de guerra y todo el ejército del enemigo hasta el río que hay allí. Y te voy a ayudar a impedir que ese ejército les cause problemas'".

¡Pero Barac tuvo miedo de aquel gran ejército con carros de batalla! Entonces le dijo: "Débora, si tú vas conmigo, entonces yo voy. Pero si tú no vas, yo no voy tampoco". Débora quería que Barac confiara en Dios y le obedeciera. "Voy a ir contigo", le dijo.

Barac obedece a Dios

Muy pronto, Barac y Débora subieron el monte Tabor con algunos hombres. El ejército enemigo también se estaba preparando para la batalla. Los novecientos carros de batalla tomaron todos el rumbo del monte Tabor. Los soldados enemigos estaban seguros de que ganarían. ¡Pero no sabían que el pueblo de Dios tenía la ayuda de DIOS mismo!

Débora y Barac miraron montaña abajo. Desde allí podían ver toda la llanura. Los carros de batalla estaban cada vez más cerca Y MÁS CERCA. ¡Pronto, todo el valle estaba LLENO de carros de batalla! Débora sonrió a Barac. "¡Ve!", le dijo. "Dios te ayudará. ¡Ganarás!"

Dios ayuda a Barac y a Débora

Barac y sus hombres comenzaron a bajar de la montaña. ¡Y en ese mismo momento, Dios envió una tormenta eléctrica! Comenzó a relampaguear. Llovía a cántaros. ¡Los carros de batalla se quedaron atascados en el fango! Los soldados salieron huyendo de sus carros atascados. ¡Los hombres de Barac los persiguieron hasta que no quedó ni uno solo que perseguir!

Débora y Barac se sintieron felices por haber obedecido a Dios. Nosotros también podemos obedecer a Dios y a su Palabra. Dios nos ayudará.

Conclusión

Débora y Barac obedecieron a Dios. También nosotros podemos obedecerlo. Podemos escuchar su Palabra y obedecerla. La Biblia dice: "Oye la Palabra de Dios y guárdala".

- **¿Qué hicieron Débora y Barac en obediencia a Dios?**

- **¿Qué puedes hacer tú para obedecer a la Palabra de Dios?**

What can stop this enemy army?

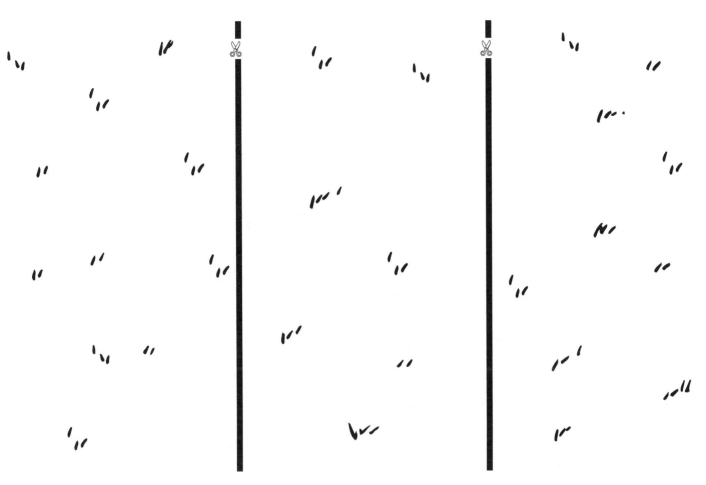

- Teacher cuts slits in page (see sketch).
- Child colors page and then cuts off strip.
- Child pulls strip through slits in Scene 1 and turns page over to show Scene 2 and retell story action.

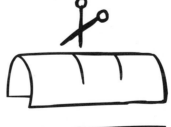

"Hear the word of God and obey it."
Luke 11:28

Scene 2

Deborah and Barak obeyed God.
Then God sent rain to stop that army.

• **What did Deborah and Barak do to obey God?** • **What can you do to obey God's Word?**

 The Big Book of Bible Story Activity Pages #2

Birds Feed Elijah 1 Kings 17:1-6

"God has been good to me." (See Genesis 33:11.)

No Rain

One day God gave His helper Elijah a very important message. "There will be no rain for a long, long time," God said.

If there is no rain, Elijah thought, *I'll have nothing to drink. And no food can grow, so I'll have nothing to eat!*

"I will take care of you," God said to Elijah. "I have a special place for you to live. This special place is by a little stream of water. I will send food to you."

A Little Stream

Elijah began the long walk to the place where God had told him to go. Step, step, step—Elijah walked down hills. Elijah walked up hills. Tap, tap, tap went his strong walking stick on the rocky path. Finally, Elijah came to the place by the little stream.

Elijah was very tired. He drank the cool water from the stream. He felt better! Elijah sat down by the stream and looked around. Not far away, all the plants were dry and brown. There was no food growing here. There were no people. There were no houses. There weren't even any stores where Elijah could buy food.

What am I going to eat? Elijah thought. Then he remembered, *God said He would take care of me. And God always does what He says.*

Big Black Birds

Elijah waited by the stream. Soon he saw birds—big black birds—flying toward him. They flew nearer and nearer and nearer. *The birds are holding something,* Elijah thought.

As the birds flew closer, Elijah saw that some birds carried bread. Other birds carried meat. They brought the food to Elijah! God used birds to bring food to Elijah—God did just what He said He would do.

God loved Elijah! Every night and every morning God sent the birds with food for Elijah. God was good to Elijah. God loves and cares for us every day, too.

Conclusion

God loved and cared for Elijah every day. God loves and cares for us every day, too. The Bible says, "God has been good to me."

• How did God show love to Elijah?

• How does God show love to you?

The Big Book of Bible Story Activity Pages #2

Unas aves alimentan a Elías 1 Reyes 17:1–6

"Dios ha sido muy bueno conmigo". Génesis 33:11

No llovía

Un día, Dios le dio a su ayudante Elías un mensaje muy importante. "No lloverá por mucho, mucho tiempo", le dijo Dios.

Si no llueve, pensó Elías, *yo no voy a tener nada que beber. ¡Y no se pueden cultivar cosas que comer, así que no voy a tener nada que comer tampoco!*

"Yo voy a cuidar de ti", le dijo Dios a Elías. "Tengo un lugar especial para que tú vivas allí. Ese lugar especial está junto a un pequeño arroyo. Yo te voy a enviar la comida".

Un pequeño arroyo

Elías comenzó la larga caminata hacia el lugar donde Dios le había dicho que fuera. Paso a paso a paso, Elías bajó las colinas. Subió las colinas. Tac, tac, tac, sonaba su fuerte bastón sobre el rocoso sendero. Al fin, Elías llegó al lugar que estaba junto al pequeño arroyo.

Elías estaba muy cansado. Bebió del agua fresca del arroyo. ¡Se sintió mejor! Se sentó junto al arroyo y miró a su alrededor. No muy lejos de allí, todas las plantas estaban secas y como quemadas. Allí no crecía nada que se pudiera comer. No había gente. No había casas. No había ni siquiera tiendas de ninguna clase donde Elías pudiera comprar algo de comer.

¿Qué voy a comer?, pensó Elías. Entonces recordó: *Dios dijo que Él cuidaría de mí. Y Dios siempre hace lo que dice.*

Unas grandes aves negras

Elías esperó junto al arroyo. Pronto vio unas aves —unas grandes aves negras— que volaban hacia él. Cada vez volaban más cerca, más cerca, más cerca. Aquellas aves estaban sosteniendo algo, pensó Elías.

Cuando las aves se acercaron, Elías vio que unas llevaban pan. Otras llevaban carne. ¡Le traían la comida a Elías! Dios estaba usando aquellas aves para llevarle comida a Elías; estaba haciendo exactamente lo que había dicho que haría.

¡Dios amaba a Elías! Todas las tardes y todas las mañanas, le enviaba a Elías las aves con comida para él. Dios fue bueno con Elías. Dios también nos ama y cuida de nosotros todos los días.

Conclusión

Dios amaba a Elías y cuidaba de él todos los días. También nos ama y cuida de nosotros todos los días. La Biblia dice: "Dios ha sido muy bueno conmigo".

• **¿Cómo mostró Dios su amor a Elías?**

• **¿Cómo te muestra Dios su amor a ti?**

Name

Bible Story Activity 21

tape

tape

tape

tape

: Child colors page and cuts and tapes finger puppets (see sketch).
: Child shows scenes and uses bird finger puppets to retell story action.

© 2010 Gospel Light. Permission to photocopy granted to the original purchaser only. *The Big Book of Bible Story Activity Pages #2*

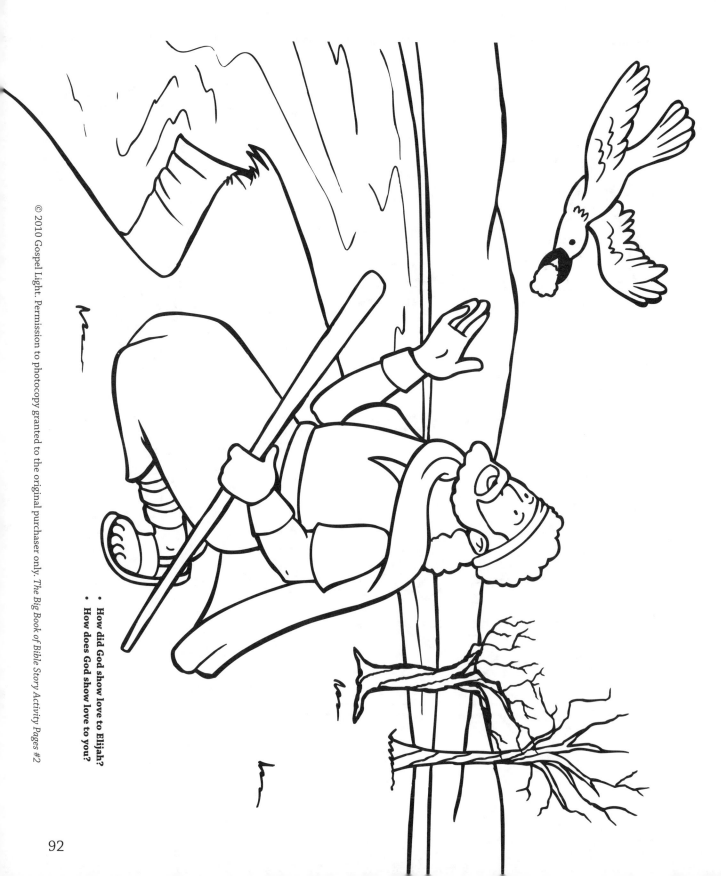

"God has been good to me." (See Genesis 33:11.)

- How did God show love to Elijah?
- How does God show love to you?

God Cares for a Widow 1 Kings 17:7-16

"God said, 'Do not be afraid, for I am with you.'" (See Genesis 26:24.)

An Empty Stream

There was no rain for a long, LONG time, just as God had said. God told His helper Elijah to stay by a little stream, so he would have water to drink every day. But soon there was not even one drop of water left in the stream. What would Elijah do now?

God told Elijah, "Go to a town. A woman there will give you food and water."

Step, step, step—Elijah walked to the town. When Elijah got to the town, he saw a woman picking up sticks to build a fire.

An Empty Kitchen

Elijah said to the woman, "I'm thirsty. Would you please bring me some water?" Right away the woman went to get water for Elijah. As she left, Elijah called out, "And please bring me a piece of bread to eat."

"Oh, I'm sorry!" the woman told him. "I have only enough flour and oil to make a little bread for my son and me."

"Don't worry," Elijah said kindly. "God has promised that there will be enough food for all of us."

Full Stomachs

The woman used her little bit of flour and oil to bake the bread for Elijah. Then she looked in the jar where she kept her flour. There was still flour in the jar! Then she looked in her oil jar. The jar still had oil in it! There was enough flour and oil to make the bread she and her son needed for dinner.

Every day after that, there was enough flour and oil so that the woman could bake one more loaf of bread. The jar of flour and the jar of oil just NEVER became empty.

How glad the woman and her son were! God helped Elijah, the woman and her son to have food.

God showed this poor woman and her child that He was always with them. We can know for sure that God is always with us.

Conclusion

God used oil and flour to show this poor woman and her child that He was always with them, even when they were afraid. God is always with us, too. The Bible tells us, "God said, 'Do not be afraid, for I am with you.'"

- How did God help the woman who needed food? God was with her.

- God is always with you. Where do you go?

Dios cuida de una viuda 1 Reyes 17:7–16

"No temas, que yo estoy contigo". Génesis 26:24

Se seca el arroyo

No llovió durante mucho, MUCHO tiempo, tal como Dios había dicho. Él le había ordenado a su ayudante Elías que se quedara junto a un pequeño arroyo, para que tuviera agua que beber todos los días. Pero pronto no quedaba ni una gota de agua en aquel arroyo. ¿Qué haría Elías entonces? Dios le dijo a Elías: "Vete a una ciudad. Allí, una mujer te dará comida y agua".

Paso a paso a paso, Elías fue caminando hasta aquella ciudad. Cuando llegó a la ciudad, vio a una mujer recogiendo palitos para encender un fuego.

Una cocina vacía

Elías le dijo a la mujer: "Tengo sed. ¿Me podrías traer un poco de agua, por favor?" En seguida, aquella mujer fue a buscar agua para Elías. Cuando se iba, Elías la llamó y le dijo: "Y por favor, tráeme un poco de pan que comer".

"¡Cuánto lo siento!", le dijo la mujer. "Sólo tengo suficiente harina y aceite para hacer un pan pequeño que alcance para mi hijo y para mí". "No te preocupes", le dijo Elías bondadosamente. "Dios ha prometido que será suficiente comida para todos nosotros".

Unos estómagos llenos

La mujer usó su poco de harina y de aceite para hacer un pan a Elías. Entonces, miró dentro de la tinaja donde guardaba su harina. ¡Todavía quedaba harina en la tinaja! Entonces miró dentro de su tinaja de aceite. ¡La tinaja seguía teniendo aceite dentro! Había suficiente harina y aceite para hacer el pan que ella y su hijo necesitaban para cenar.

Después de aquello, todos los días hubo suficiente harina y aceite para que la mujer pudiera cocer un pan más. Sencillamente, la tinaja de la harina y la del aceite NUNCA se vaciaron.

¡Qué alegres se sintieron aquella mujer y su hijo! Dios ayudó a Elías, a la mujer, y al hijo de ella para que tuvieran alimento.

Dios mostró a aquella mujer pobre y a su hijo que Él siempre estaba con ellos. Nosotros también podemos dar por seguro que Dios siempre está con nosotros.

Conclusión

Dios usó el aceite y la harina para mostrar a aquella mujer pobre y a su hijo que Él siempre estaba con ellos, aun cuando ellos sentían temor. Dios siempre está con nosotros también. La Biblia nos dice: "No temas, que yo estoy contigo".

- **¿Cómo ayudó Dios a la mujer que necesitaba comida? Dios estuvo con ella.**

- **Dios siempre está contigo. ¿Dónde irás?**

Scene 1

"God said, 'Do not be afraid, for I am with you.'" (See Genesis 26:24.)

Name _____

- Child colors page.
- Child folds page to retell story (see sketch on back of this page).

fold

fold

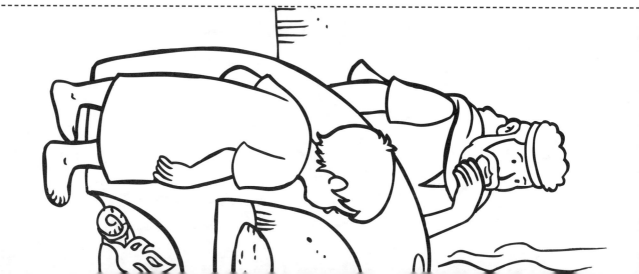

- **How did God help the woman who needed food? God was with her.**
- **God is always with you. Where do you go?**

96

Elisha's New Room 2 Kings 4:8-10

"God gives us what we need." (See Philippians 4:19.)

A Place to Eat

Elisha was a man who went many places to tell people about God. He told people that God loved them. Because Elisha was always traveling, he didn't live in one place.

A kind woman and her husband lived in one town Elisha visited. While Elisha was there, she listened to him talk about God. She knew Elisha loved God. She thought, *Poor Elisha. He travels from town to town without a place to sleep. Maybe he would like to eat with me and my husband today.* "Elisha," the woman asked, "would you like to eat dinner with my husband and me?"

"Yes, thank you," Elisha answered. They ate a good-tasting meal together. Elisha went to many other places to tell more people about God. But whenever he came to this town, he ate dinner with the kind woman and her husband.

A Place to Sleep

One day the woman said to her husband, "I want to do something kind for Elisha. Let's build a room on the roof of our house for him. We can put a chair and a table and a lamp and a bed in the room. When Elisha comes to visit, he can eat with us and sleep in his own room."

The woman's husband thought it was a good idea, so they began to build a room for Elisha. Zip, zip, zip went the saw. Pound, pound, pound went the hammer. They worked and worked building the room. Finally, Elisha's room was ready. The woman put the chair, table, lamp and bed in the room. The room was just right!

When Elisha came to town, the woman might have said, "Come quickly. We have something special to show you." The woman and her husband walked with Elisha up the stairs to his new room. Elisha must have been surprised. Now he could sleep in his very own room! Elisha was very glad to have such kind friends.

Conclusion

God cared for Elisha by giving him food to eat and a place to sleep. God will take care of us and give us what we need, too. The Bible says, "God gives us what we need."

• What did God give to Elisha through the kindness of the woman and her husband?

• What can you thank God for giving to you?

El cuarto nuevo de Eliseo 2 Reyes 4:8–10

"Dios nos da lo que necesitamos". (Paráfrasis, lee Filipenses 4:19)

Un lugar donde comer

Eliseo era un hombre que iba a muchos lugares para hablar al pueblo acerca de Dios. Le decía a la gente que Dios la amaba. Como Eliseo siempre andaba viajando, no vivía en un lugar fijo.

En uno de los pueblos que visitaba Eliseo, vivían una bondadosa mujer y su marido. Mientras Eliseo estaba allí, ella lo oyó hablar de Dios. Sabía que Eliseo amaba a Dios. Entonces pensó: *pobre Eliseo. Viaja de pueblo en pueblo sin tener un lugar donde dormir. Tal vez le gustaría comer hoy con mi marido y conmigo.* "Eliseo", le preguntó, "¿te gustaría cenar con mi marido y conmigo?"

"Sí, te lo agradezco", le respondió Eliseo. Así que comieron juntos una cena muy sabrosa. Eliseo siguió adelante y fue a muchos otros lugares para hablar de Dios a más personas. Pero cada vez que llegaba a ese pueblo, cenaba con aquella bondadosa mujer y con su marido.

Un lugar donde dormir

Un día, la mujer le dijo a su marido: "Quiero hacer algo bueno por Eliseo. ¿Por qué no construimos un cuarto para él sobre el techo de nuestra casa? Le podemos poner una silla, una mesa, una lámpara, y una cama en ese cuarto. Cuando Eliseo venga a visitarnos, puede comer con nosotros, y dormir en su propio cuarto".

El marido de aquella mujer pensó que era una buena idea, así que comenzaron a construir un cuarto para Eliseo. La sierra cortaba, zip, zap, zip, zap. El martillo golpeaba, pam, pam, pam. Trabajaron y trabajaron construyendo aquel cuarto. Al fin, el cuarto de Eliseo quedó listo. La mujer puso en el cuarto la silla, la mesa, la lámpara y la cama. ¡El cuarto había quedado estupendo!

La vez siguiente que Eliseo llegó a aquel pueblo, es posible que la mujer le dijera: "Ven pronto. Tenemos algo especial que enseñarte". Entonces, la mujer y su marido subieron con Eliseo por la escalera que llevaba hasta su nuevo cuarto. Eliseo se debe haber sorprendido. ¡Ahora podría dormir en su propio cuarto! Le alegraba mucho tener unos amigos tan bondadosos.

Conclusión

Dios cuidó de Eliseo, dándole comida y un lugar donde dormir. Dios también cuidará de nosotros y nos dará lo que necesitemos. La Biblia dice: "Dios nos da lo que necesitamos".

- **¿Qué le dio Dios a Eliseo por medio de la bondad de aquella mujer y de su marido?**

- **¿Cuáles son las cosas que Dios te ha dado, y por las que le puedes dar gracias?**

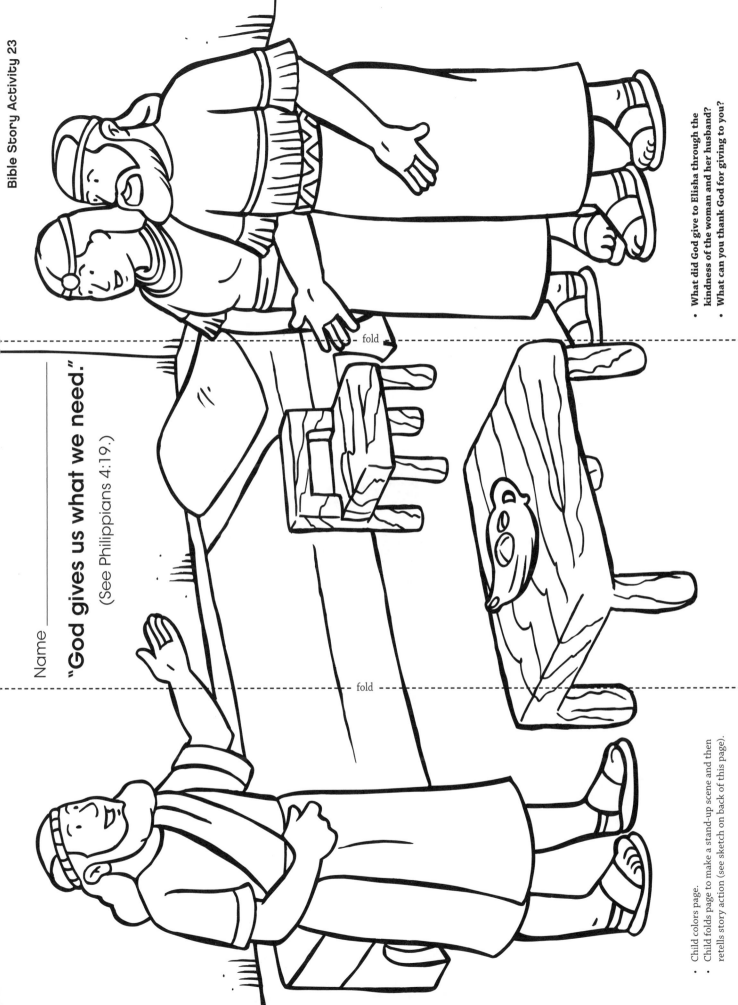

Name

"God gives us what we need."

(See Philippians 4:19.)

fold

fold

- What did God give to Elisha through the kindness of the woman and her husband?
- What can you thank God for giving to you?

- Child colors page.
- Child folds page to make a stand-up scene and then retells story action (see sketch on back of this page).

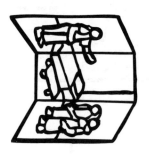

God Helps Naaman 2 Kings 5:1-16

"Lord, you are great and powerful." (See Jeremiah 10:6.)

Naaman Gets Sick

Naaman was a leader in the army. Naaman had a terrible problem: He had a sickness called leprosy. The sickness made painful sores on Naaman's skin. Naaman knew he would get sicker and sicker. He might even die! His family must have been very sad.

Naaman's wife had a servant girl. This girl knew that there was a man named Elisha who loved God. God helped Elisha do amazing things. The servant girl said, "I wish Naaman would go to see Elisha." The girl thought Elisha might be able to help Naaman.

Naaman Goes to Israel

Right away Naaman's wife told Naaman the news about Elisha. Naaman decided to go see Elisha. The king of Naaman's country wrote a letter to the king of Elisha's country. Naaman took the letter. He also took gifts of silver, gold and clothing.

Naaman went to the king of Elisha's country. The king read the letter. It said: "Here is Naaman. I want you to make his sickness go away."

But the king said, "I'm not God! I can't make Naaman well!"

Naaman Goes to Elisha

Soon, Elisha heard about Naaman's visit. Elisha asked the king to send Naaman to him. Naaman came to Elisha's door. Elisha's servant talked to Naaman. "Go and wash yourself seven times in the Jordan River," the servant said. "Then you will be well."

At first Naaman was angry. He didn't want to wash in the Jordan River. It was too muddy! But then Naaman changed his mind. He walked to the river. He waded in. He ducked under the water, one, two, three, four, five, six, seven times. He wiped the water from his eyes. He looked at his skin. The sores were gone! Naaman was all well! Naaman said, "Now I know there is only one God—the one true God!"

Conclusion

God helped Naaman get well when he was sick. God is powerful. He can always help us, too. The Bible says, "Lord, you are great and powerful."

• How does God help Naaman?

• How does God help you?

Dios ayuda a Naamán 2 Reyes 5:1–16

"Señor, tú eres grande y poderoso". (Paráfrasis, lee Jeremías 10:6)

Se enferma Naamán

Naamán era uno de los jefes del ejército. Tenía un terrible problema: le había caído una enfermedad que se llama lepra. Aquella enfermedad le hacía a Naamán unas llagas muy dolorosas en la piel. Él sabía que cada vez se pondría más y más enfermo. ¡Hasta era posible que se muriera! Su familia se debe haber sentido muy triste.

La mujer de Naamán tenía una sirvienta jovencita. Aquella jovencita sabía que había un hombre llamado Eliseo, que amaba a Dios. Y que Dios lo ayudaba a hacer cosas asombrosas. Entonces la joven sirvienta dijo: "Yo querría que Naamán fuera a ver a Eliseo". La jovencita pensaba que tal vez Eliseo pudiera ayudar a Naamán.

Naamán va a Israel

En seguida, la mujer de Naamán contó a su marido la noticia acerca de Eliseo. Naamán decidió ir a ver a Eliseo. El rey del país de Naamán le escribió una carta al rey del país de Eliseo. Naamán tomó la carta. También llevó regalos de plata, oro, y ropa.

Entonces Naamán se presentó ante el rey del país de Eliseo. El rey leyó la carta. En ella decía el otro rey: "Éste es Naamán. Yo quiero que tú le quites la enfermedad que tiene".

Pero el rey le dijo: "¡Yo no soy Dios! ¡Yo no puedo sanar a Naamán!"

Naamán va en busca de Eliseo

Muy poco después, Eliseo supo de la visita de Naamán. Entonces pidió al rey que le enviara a Naamán. Él llegó hasta la puerta de Eliseo. El sirviente de Eliseo le habló: "Vete a bañar siete veces en el río Jordán", le dijo. "Entonces quedarás sano".

Al principio, Naamán se enojó. No quería bañarse en el río Jordán. ¡Estaba demasiado lleno de fango! Pero después, cambió de manera de pensar. Llegó a la orilla del río. Se metió en él. Se hundió en el agua una, dos, tres, cuatro, cinco, seis, siete veces. Se quitó el agua de los ojos. Se miró la piel. ¡Las llagas habían desaparecido! ¡Naamán estaba totalmente curado! Entonces dijo: "Ahora sé que hay un Dios… ¡el único verdadero Dios!"

Conclusión

Dios ayudó a Naamán a sanarse cuando éste estaba enfermo. Dios es poderoso. Él siempre nos puede ayudar también a nosotros. La Biblia dice: "Señor, tú eres grande y poderoso".

• ¿Cómo ayudó Dios a Naamán?

• ¿Cómo te ayuda Dios a ti?

Name

"Lord, you are great and powerful."

(See Jeremiah 10:6.)

• How did God help Naaman?
• How does God help you?

· Teacher cuts off Naaman figure and cuts slit in page (see sketch on back of this page).
· Child colors page.
· Child moves Naaman figure in slit, turning figure from side to side, to retell story action.

© 2010 Gospel Light. Permission to photocopy granted to the original purchaser only. *The Big Book of Bible Story Activity Pages #2*

103

Joash Repairs the Temple   2 Kings 12:4-15; 2 Chronicles 24:1-14

"Teach me your way, O Lord." Psalm 27:11

The Temple Gets Dirty

God's people were glad for their beautiful Temple. The Temple was a special place where people went to pray and learn about God. The people thanked God for helping them. They brought gifts of money to the Temple. The helpers in the Temple kept it clean and beautiful. They swept the floors. They dusted the furniture. They rubbed the bowls and candlesticks until they were bright and shiny.

After a while some of the people stopped coming to the Temple. Then more and more people stopped coming to the Temple. Finally, no one came to the Temple. So no one took care of the Temple for many years.

King Joash Is Sad

King Joash was sad. He was sad because God's Temple looked awful. The walls were broken. Dust and dirt covered everything. King Joash knew that God helped him every day. He loved God. He wanted God's people to learn to love God and obey Him. King Joash thought, We MUST make God's Temple beautiful again, so people can come to pray and learn about God. But we will need MANY helpers. And we will need LOTS of money!

The Temple Gets Clean

King Joash's helpers told God's people, "We need EVERYONE to help make the Temple beautiful again. You may help by bringing money. Put your gifts of money in the big box at the Temple." Mothers and fathers, boys and girls came to drop their money in the big box. Clink! Clink! Clink! They were glad to give their money.

Soon there was enough money to pay helpers to fix the Temple. Zzzzz, Zzzzz went their saws. Tap, tap, tap went their hammers. Some helpers dusted the furniture and swept the floor. Some helpers shined the bowls and vases. And some helpers made new bowls and vases. The Temple was clean and beautiful again.

King Joash called God's people to come to pray and learn about God at the Temple. God's people were glad to worship Him again in the beautiful Temple!

Conclusion

King Joash helped God's people learn ways to obey God. Other people can help us learn to obey God, too. The Bible says, "Teach me your way, O Lord."

• What did King Joash do to help God's people learn ways to obey God?

• Who helps you learn ways to obey God?

The Big Book of Bible Story Activity Pages #2

Joás repara el templo 2 Reyes 12:4-15; 2 Crónicas 24:1-14

"Enséñame, oh Jehová, tu camino". Salmo 27:11, RV-60

El Templo se llena de suciedad

El pueblo de Dios se sentía contento con su hermoso Templo. Aquel Templo era un lugar especial donde la gente iba a orar y aprender acerca de Dios. El pueblo daba gracias a Dios por haberlo ayudado. Traían ofrendas de dinero para el Templo. Los ayudantes que había en el Templo lo mantenían limpio y hermoso. Barrían los pisos. Les quitaban el polvo a los muebles. Frotaban los tazones y los candelabros hasta que quedaban brillantes y resplandecientes. Después de un tiempo, hubo gente que dejó de acudir al Templo. Entonces, cada vez fueron más los que dejaron de ir allí. Por último, nadie iba ya al Templo. Así que durante muchos años, nadie cuidó de aquel lugar.

El rey Joás se siente triste

El rey Joás estaba triste. Y estaba triste, porque el Templo de Dios tenía un aspecto muy desagradable. Las paredes estaban rotas. El polvo y la tierra lo cubrían todo. El rey sabía que Dios lo ayudaba a él todos los días. Amaba a Dios. Quería que el pueblo de Dios aprendiera a amar y obedecer a Dios también. Entonces pensó: *TENEMOS que hacer que el Templo de Dios vuelva a ser hermoso, para que la gente pueda ir a él a orar y aprender acerca de Dios. Pero vamos a necesitar MUCHOS ayudantes. ¡Y también vamos a necesitar MUCHÍSIMO dinero!*

La limpieza del Templo

Los ayudantes del rey Joás le dijeron al pueblo de Dios: "Necesitamos que TODOS ayuden para hacer que el Templo vuelva a ser un lugar hermoso. Ustedes pueden ayudar trayendo dinero. Pongan sus ofrendas de dinero en la gran caja que hay allí en el Templo". Madres y padres, niños y niñas, llegaban a dejar su dinero en aquella gran caja. ¡Clín, clín, clín! Se sentían felices de estar dando su dinero.

Pronto hubo suficiente dinero para pagar a unos ayudantes que arreglaran el Templo. Sus sierras entraron en acción: Zzzzz, Zzzzz. También sus martillos: pum, pum, pum. Algunos de los ayudantes se dedicaron a desempolvar los muebles y barrer el piso. Otros pulían los tazones y los vasos sagrados. Y otros ayudantes hacían tazones y vasos nuevos. El Templo quedó limpio y hermoso otra vez.

El rey Joás convocó al pueblo de Dios para que acudiera a orar y aprender acerca de Dios en el Templo. ¡El pueblo de Dios se sintió feliz de poder adorarlo otra vez en aquel hermoso Templo!

Conclusión

Personas nos pueden ayudar a nosotros a aprender la manera de obedecer a Dios. La Biblia dice: "Enséñame, oh Jehová, tu camino".

• **¿Qué hizo el rey Joás para ayudar al pueblo de Dios a aprender cómo se debe obedecer a Dios?**

• **¿Quién te ayuda a ti a aprender las maneras en que debes obedecer a Dios?**

1

2

4

• What did King Joash do to help God's
people learn ways to obey God?
• Who helps you learn ways to obey God?

"Teach me your way, O Lord."

Psalm 27:11

3

• Child colors page.
• Child cuts off picture square.
• Child places picture square on front of page and then pushes paper
  fastener through X's to fasten (see sketch).
• Child shows story action by turning picture square to match each
  picture in square with the appropriate scene.

1

2

3

4

Esther Is Brave Esther 2—9

"Be ready to do whatever is good." Titus 3:1

A New Queen

A young woman named Esther and her cousin Mordecai were Jews who lived in a country far from Israel. (God's people were called Jews.) Mordecai was kind to Esther and cared for her.

One day, the king chose Esther to be his new queen! Esther lived in the palace. The king must have given her a lot of beautiful jewelry.

A Scared Queen

The king had a helper named Haman. Haman was so angry at Mordecai that he wanted to hurt him. Because Mordecai was a Jew, Haman wanted to hurt all Jews. Haman tricked the king into making a law to hurt all the Jews.

Now Esther had a big problem. Haman and the king did not know that she was Mordecai's cousin. They did not know she was a Jew. She wanted to talk to the king about Haman's plans, but she was afraid. Anyone who talked to the king without being invited could be killed—even the queen.

A Brave Queen

Esther said, "I will go to the king, even though I am afraid." For three days, Esther, Mordecai and all the other Jews prayed to God and did not eat anything. Then Esther got dressed up. She stood at the door where the king was. When she walked through the door, she wondered what the king would do. When the king saw her, he held out his scepter to welcome her! Esther came up to the king.

Esther asked the king and Haman to come to eat dinner with her. Haman was very HAPPY to be the only person invited to have dinner with the king and queen! So the king and Haman came to Esther's dinner. Esther told the king that someone was going to HURT all of her people. She asked the king to please save her life and the lives of all her people. The king got ANGRY. He asked, "Who would DO such a thing?"

Esther pointed at Haman. "The man who wants to do this is HAMAN!"

The king had Haman taken away! Then the king wrote a new law to protect the Jews. Queen Esther and Mordecai and all of God's people were VERY happy!

Conclusion

Esther knew the right thing to do, and she did it, even though she was afraid. We can do good things, too. The Bible says, "Be ready to do whatever is good."

- What good thing did God help Esther do?

- What good things can you do?

La valentía de Ester Ester 2-9

"Siempre deben estar dispuestos a hacer lo bueno". Tito 3:1

Una nueva reina

Una joven llamada Ester y su primo Mardoqueo eran unos judíos que vivían en un país muy lejano a Israel. (A los miembros del pueblo de Dios se los llamaba judíos). Mardoqueo era bueno con Ester y cuidaba de ella. ¡Un día, el rey escogió a Ester para que fuera su nueva reina! Ester se fue a vivir al palacio. El rey le debe haber dado una gran cantidad de joyas hermosas.

Una reina asustada

El rey tenía un ayudante que se llamaba Amán. Este Amán estaba tan enojado con Mardoqueo, que le quería hacer daño. Como Mardoqueo era judío, Amán les quería hacer daño a todos los judíos. Entonces engañó al rey y logró que decretara una ley para hacerles daño a todos los judíos.

Ahora sí que Ester tenía un gran problema. Amán y el rey no sabían que ella era prima de Mardoqueo. No sabían que era judía. Ella quería hablar con el rey acerca de los planes de Amán, pero tenía miedo. A todo el que tratara de hablar con el rey sin que el rey lo invitara, lo podían matar... hasta a la misma reina.

Una reina valiente

Ester dijo: "Voy a ver al rey, aunque tenga miedo". Durante tres días, Ester, Mardoqueo y todos los demás judíos oraron y no comieron nada. Entonces Ester se vistió de gala. Se detuvo ante la puerta del lugar donde estaba el rey. Mientras atravesaba la puerta, se preguntaba qué haría el rey. ¡Cuando el rey la vio, extendió su cetro para darle la bienvenida! Ester se acercó al rey.

Entonces Ester pidió al rey y a Amán que fueran a cenar con ella. ¡Amán se sintió muy FELIZ, porque era la única persona invitada a cenar con el rey y la reina! Así que el rey y Amán fueron a cenar con Ester. Ella le dijo al rey que alguien le iba a HACER DAÑO a todo su pueblo. Entonces le rogó que le salvara la vida a ella, y se la salvara a todos los miembros de su pueblo. El rey SE ENOJÓ. Entonces le preguntó: "¿Y quién es capaz de HACER algo así?"

Ester señaló hacia Amán. "¡El hombre que quiere hacer esto es AMÁN!" ¡El rey hizo que se llevaran a Amán! Entonces escribió una nueva ley para proteger a los judíos. ¡La reina Ester, y Mardoqueo, y todo el pueblo de Dios, se sintieron MUY felices!

Conclusión

• Ester sabía cuál era su deber, y lo cumplió, a pesar del temor que sentía. Nosotros también podemos cumplir con nuestro deber. La Biblia dice: "Siempre deben estar dispuestos a hacer lo bueno".

• ¿Cuál fue la buena obra que Dios ayudó a Ester a hacer?

• ¿Cuáles son las buenas obras que tú puedes hacer?

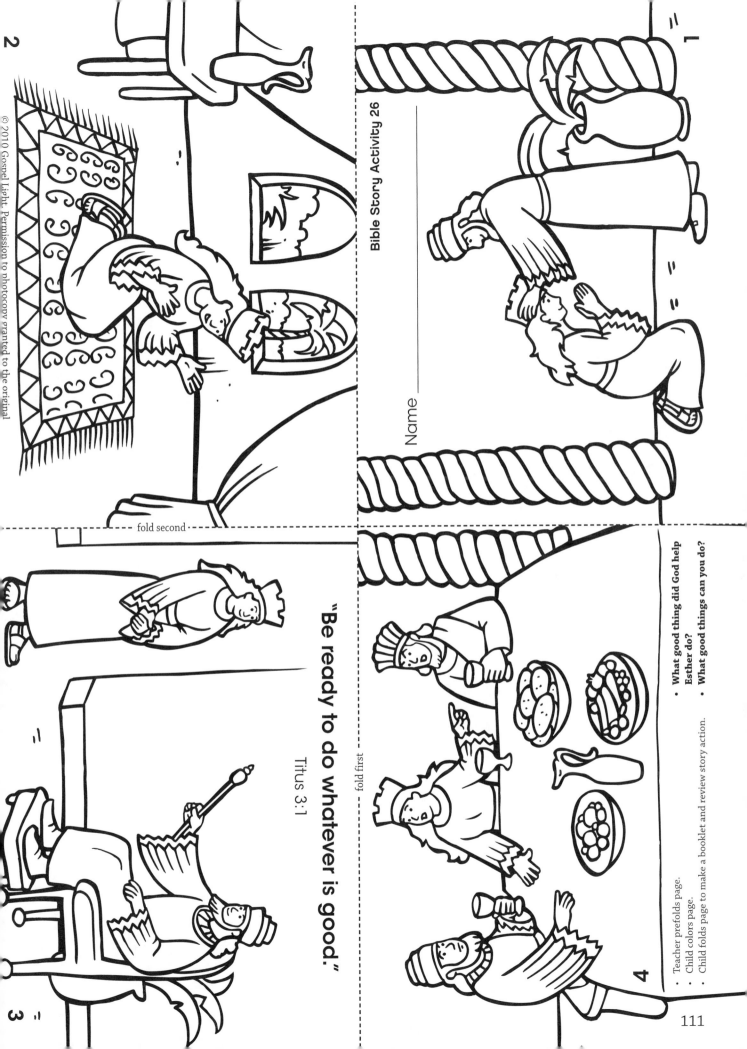

2

fold second

1

Bible Story Activity 26

Name _____

"Be ready to do whatever is good."

Titus 3:1

fold first

3

4

- What good thing did God help Esther do?
- What good things can you do?

· Teacher prefolds page.
· Child colors page.
· Child folds page to make a booklet and review story action.

John Is Born Luke 1:5-25,57-80

"God so loved the world that he gave his one and only Son." John 3:16

Zechariah Is Surprised

Zechariah and his wife, Elizabeth, loved God. They were old, and they had no children. One day, Zechariah was working in the Temple. He looked up. He saw an angel! He was surprised and afraid!

The angel said, "Don't be afraid! You and Elizabeth will have a baby! This baby will make you glad! You will name this baby John. This baby will grow up. He will do an important job. He will help people get ready for Jesus!"

Zechariah Doesn't Believe

Zechariah didn't believe the angel. He asked, "How can I be sure this is true?"

The angel said, "I have been sent from God to tell you this good news! Because you did not believe me, you will not be able to talk until your son is born!"

The angel left. Zechariah walked outside. People could see he was excited! But he couldn't talk!

After a time, Zechariah and Elizabeth's baby was born. Friends and relatives came to see him! They wanted to name the baby Zechariah, just like the baby's father. But Elizabeth said, "No! His name is John!"

The relatives and friends were surprised. They asked Zechariah what the baby's name should be. Zechariah wrote, "His name is John." Suddenly, he could talk!

Zechariah Speaks

Zechariah prayed and thanked God! Zechariah told about John's very important job. When John grew up, he was going to help people get ready for Jesus. John was going to tell the people about God's love and promises!

Conclusion

When John grew up, he was going to tell people about the best way God showed His love for us—God sent Jesus! The Bible says, "God so loved the world that he gave his one and only Son."

- When Zechariah could talk again. What did he say?

- What is one way God shows love to you?

El nacimiento de Juan Lucas 1:5–25, 57–80

"Porque tanto amó Dios al mundo, que dio a su Hijo unigénito". Juan 3:16

La sorpresa que se llevó Zacarías

Zacarías y Elisabet, su mujer, amaban a Dios. Eran ancianos, y no habían tenido hijos. Un día, Zacarías estaba trabajando en el Templo. Miró hacia arriba ¡Y vio a un ángel! ¡Se sintió sorprendido y tuvo miedo!

El ángel le dijo: "¡No temas! ¡Tú y Elisabet tendrán un niño! ¡Ese niño los hará felices! Le pondrás el nombre de Juan. Crecerá y hará algo muy importante. ¡Ayudará a la gente a estar preparada para cuando llegue Jesús!

Zacarías no cree

Zacarías no creía al ángel. Le preguntó: "¿Cómo puedo estar seguro de que eso es cierto?"

El ángel le dijo: "¡Dios me envió para darte esta buena noticia! ¡Como no me has creído, no podrás hablar hasta que nazca tu hijo!"

El ángel se fue. Zacarías salió de aquel lugar. ¡La gente notó lo emocionado que estaba! ¡Pero no pudo hablar!

Al cabo de un tiempo, nació el bebé de Zacarías y Elisabet. ¡Sus amigos y sus parientes llegaron para verlo! Le querían poner el nombre de Zacarías, como su padre. Pero Elisabet dijo: "¡No! ¡Se llama Juan!"

Los parientes y los amigos se sorprendieron. Entonces le preguntaron a Zacarías cuál debía ser el nombre del niño. Zacarías escribió: "Juan es su nombre". ¡De repente, pudo hablar de nuevo!

Habla Zacarías

Zacarías oró, y dio gracias a Dios. Habló del trabajo tan importante que Juan iba a hacer. Cuando Juan creciera, iba a ayudar a la gente a estar preparada para la llegada de Jesús. ¡Juan hablaría al pueblo acerca del amor y las promesas de Dios!

Conclusión

Cuando Juan creciera, hablaría a la gente acerca de la mejor forma en que Dios nos ha mostrado que nos ama: enviando a Jesús. La Biblia dice: "Porque tanto amó Dios al mundo, que dio a su Hijo unigénito".

- **Cuando Zacarías pudo hablar de nuevo, ¿qué dijo?**

- **¿De qué manera te muestra Dios que te ama?**

Name _____

Zechariah came to the Temple.
He went inside to pray.

1

- Child colors and folds page.
- Child turns pages to retell story.

--- fold ---

And so he couldn't talk again till he named his baby John.
John grew up and prepared the way
For God's own Son to come to us
And show God's love each day.

4

"God so loved the world that
he gave his only Son." John 3:16

- **When Zechariah could talk again, what did he say?**
- **What is one way God shows love to you?**

An angel promised him a child
That his wife would have one day.

2

Zechariah did not believe
That he could have a son.

2
3

116 © 2010 Gospel Light. Permission to photocopy granted to the original purchaser only. *The Big Book of Bible Story Activity Pages #2*

Baby Jesus Luke 1:26-33; 2:1-7

"God's Son is born for us." (See Isaiah 9:6.)

Seeing an Angel

One day God sent an angel to tell Mary some very special news. Mary was afraid. She had never seen an angel before.

The angel said, "Don't be afraid. You will be the mother of a special baby boy. He will be God's own Son. Name the baby Jesus." The angel also told this news to Joseph, the man Mary was going to marry.

Traveling to Bethlehem

Before this special baby was born, Mary and Joseph had to go on a trip. They were going to Bethlehem to write their names in the king's book. Mary probably rode on a little donkey. Joseph walked beside her. Clippety-clop, clippety-clop went the donkey's feet on the rocky road.

Looking for a Place to Sleep

When Mary and Joseph got to Bethlehem, it was very crowded. Many people were already there. Mary and Joseph were very tired. It was almost time for Mary's baby to be born. She needed a place to rest. Mary and Joseph looked and looked for a quiet place to stay for the night.

Finally, Joseph knocked on the door of an inn. (An inn is like a motel.) "May we stay here tonight?" he asked the man who opened the door.

"No," said the innkeeper. "There is no room in my inn. All I have is a place in the stable. You may stay there." (A stable is a place where sheep, cows and donkeys sleep.) Mary and Joseph went to the stable to sleep on the hay.

Holding Baby Jesus

That night, baby Jesus was born. He was God's Son. Mary wrapped baby Jesus in cloth so that He would be warm. Then she put baby Jesus on a soft bed of hay in the manger. The manger was the place where hay was put for the animals to eat. Mary and Joseph loved baby Jesus. They took care of Him.

Conclusion

Mary and Joseph were glad Jesus was born. We are glad that Jesus was born, too! We can thank God for Jesus. Jesus is God's Son. The Bible says, "God's Son is born for us."

- Where was Jesus born?

- What is something you and your family do to celebrate Jesus being born?

Jesús niño Lucas 1:26–33; 2:1–7

"El Hijo de Dios nació por nosotros". (Paráfrasis, lee Isaías 9:6)

El ángel que vio María

Un día, Dios envió un ángel para que diera a María una noticia muy especial. María tuvo miedo. Nunca antes había visto un ángel.

El ángel le dijo: "No temas. Serás la madre de un bebé muy especial. Va a ser el Hijo mismo de Dios. Ponle el nombre de Jesús". El ángel también le dio esa noticia a José, el hombre con el que María se casaría.

El viaje hasta Belén

Antes que naciera aquel bebé tan especial, María y José tuvieron que irse de viaje. Fueron a Belén para inscribir sus nombres en el libro del rey. María probablemente iba montada sobre un burrito, mientras José caminaba junto a ella. Clip, clop, clip, clop, sonaban los cascos del burrito en aquel camino de rocas.

En busca de un lugar para dormir

Cuando María y José llegaron a Belén, el pueblo estaba repleto de gente. Ya había mucha gente allí. María y José estaban muy cansados. Ya casi era hora de que naciera el bebé de María, y ella necesitaba un lugar donde descansar. María y José buscaron y buscaron algún lugar tranquilo donde pasar la noche.

Por fin, José tocó a la puerta de una posada. (Las posadas eran como los moteles). "¿Nos podríamos quedar aquí esta noche?", preguntó al hombre que le abrió la puerta.

"No", le dijo el posadero. En mi posada no queda ningún lugar. Todo lo que tengo es un lugar en el establo. Se pueden quedar allí". (Un establo es un lugar donde duermen las ovejas, las vacas, y los asnos). María y José se fueron al establo, para dormir sobre el heno.

Cargan al bebé Jesús

Aquella noche, nació Jesús. Era el Hijo de Dios. María envolvió en pañales al bebé para que éste no sintiera frío. Después lo puso en una blanda cama que le hizo en el pesebre con el heno. El pesebre era el lugar donde se ponía el heno para que se lo comieran los animales. María y José amaban al bebé Jesús, y cuidaban de Él.

Conclusión

María y José se sintieron felices de que hubiera nacido Jesús. ¡También nosotros nos sentimos felices de que haya nacido! Le podemos dar gracias a Dios por Jesús. Él es el Hijo de Dios. La Biblia dice: "El Hijo de Dios nació por nosotros".

- **¿Dónde nació Jesús?**

- **¿Tú y tu familia hacen algo para celebrar el nacimiento de Jesús?**

Bible Story Activity 28

"God's Son is born for us." (See Isaiah 9:6.)

- Where was Jesus born?
- What is something you and your family do to celebrate Jesus being born?
- Child colors page and retells the story.

Shepherds at the Stable Luke 2:8-20

"Good news! Today Jesus has been born." (See Luke 2:10-11.)

A Few Shepherds

One quiet night a long time ago, some shepherds were outside taking care of their sheep.

All at once, the sky was full of light. The shepherds looked up and saw an angel! The shepherds were afraid.

Many Angels

But the angel said, "Do not be afraid. I have good news. God's Son, Jesus, has been born. You can go see Him. He is in a stable, wrapped up warm and lying in a manger." (A stable is like a barn. It is the place where animals sleep. A manger is a box where food is put for animals to eat.)

Then the sky was FULL of angels! The angels said, "Glory to God!" The angels were thanking God for sending Jesus.

Then the angels left. The shepherds said, "Let's go find this special baby. Let's hurry!" Steppity-steppity-step—the shepherds hurried along the road until they found the stable where Jesus was.

One Baby

Baby Jesus was lying in a manger in a stable. Everything was just as the angel had said. The shepherds were so happy to see baby Jesus!

Then the shepherds started walking back to take care of their sheep. Along the way, they told the good news to everyone they saw. "Jesus is born! Jesus is born!" The shepherds were glad Jesus was born!

Conclusion

The shepherds thanked God for sending Jesus to be born. We can thank God for sending Jesus to be born, too. We can tell others the good news that Jesus was born. The Bible says, "Good news! Today Jesus has been born."

- **What did the shepherds do after they saw baby Jesus?**

- **Who is someone you can tell the good news that Jesus was born?**

Los pastores en el establo Lucas 2:8–20

"Buenas noticias...hoy les ha nacido...Cristo el Señor". Lucas 2:10,11

Unos cuantos pastores

En una noche tranquila, hace ya mucho tiempo, había unos cuantos pastores en el campo, cuidando de sus ovejas.

De repente, el cielo se llenó de luz. ¡Los pastores levantaron la vista y vieron a un ángel! Los pastores sintieron miedo.

Muchos ángeles

Pero el ángel les dijo: "No tengan miedo. Les traigo una buena noticia. Ya nació Jesús, el Hijo de Dios. Ustedes mismos pueden ir a verlo. Está en un establo, envuelto en pañales para que éste no pase frío, y acostado en un pesebre". (Un establo es como un granero. Es el lugar donde duermen los animales. Un pesebre es una caja donde se pone la comida para que se la coman esos animales).

¡Y entonces, el cielo SE LLENÓ de ángeles! Aquellos ángeles decían: "¡Gloria a Dios!" Los ángeles daban gracias a Dios por haber enviado a Jesús.

Después de aquello, los ángeles se fueron. Los pastores dijeron: "¡Vamos a buscar a ese bebé tan especial! ¡De prisa!" Paso a paso a paso, los pastores se fueron a toda prisa por el camino, hasta que encontraron el establo donde estaba Jesús.

Un bebé

El bebé Jesús estaba acostado en un pesebre dentro del establo. Todo era tal como el ángel lo había dicho. ¡Los pastores se pusieron muy contentos al ver al bebé Jesús!

Entonces, los pastores comenzaron a caminar de regreso para seguir cuidando su rebaño. Por el camino, les iban dando la buena noticia a todos los que veían. "¡Nació Jesús! ¡Nació Jesús!" ¡Qué contentos estaban los pastores de que hubiera nacido Jesús!

Conclusión

Los pastores le dieron gracias a Dios por haber enviado a nacer a su Hijo Jesús. Nosotros también podemos dar gracias a Dios por haberlo enviado a nacer. La Biblia dice: "Buenas noticias...hoy les ha nacido...Cristo el Señor".

- **¿Qué hicieron los pastores después de ver al bebé Jesús?**

- **¿A quiénes les puedes dar tú la buena noticia de que nació Jesús?**

Name _____

Jesus is born!

- **What did the shepherds do after they saw baby Jesus?**
- **Who is someone you can tell the good news that Jesus was born?**

1

· Teacher prefolds page.
· Child folds and colors page.
· Child looks at booklet pictures to review story.

4

"Good news! Today Jesus has been born."

(See Luke 2:10-11.)

2

3

Escape to Egypt Matthew 2:1-15

"The Lord your God is with you." Zephaniah 3:17

Shining

Jesus had been born in Bethlehem. Mary and Joseph were glad to have such a special baby. God wanted people who lived far away to know about Jesus' birth. So God put a very bright star in the sky. Some wise men saw the star and knew that a great new King had been born!

"Let's go and find this King!" the wise men said. "We'll take special gifts to give the new King." The wise men packed their camels. They rode for days and days.

Looking

The wise men went to King Herod's palace. They asked King Herod, "Where is the new King? We saw His star. We want to worship Him." King Herod got angry! He wanted to be the ONLY king! King Herod asked his helpers where this new King would be born. "God's Word says He will be born in Bethlehem," they said. King Herod told the wise men, "Go. Find the child. Then come and tell me. I want to worship Him, too." But King Herod really wanted to hurt Jesus!

Finding

The wise men went to Bethlehem. They saw the bright star right over Jesus' house! When the wise men saw Jesus, they bowed. They gave Him the special gifts they'd brought. Then God told the wise men in a dream, "Do NOT go back to King Herod." The wise men went home by another road. They never told King Herod where Jesus was!

Escaping

Soon after the wise men left, an angel talked to Joseph in a dream. "Get up," the angel said. "Take Mary and Jesus to Egypt. King Herod wants to hurt Jesus." Joseph got up right away. He woke Mary and they packed a few things. Mary, Joseph and Jesus started for Egypt in the quiet nighttime. They traveled for many days. Finally, they were in Egypt. Joseph and Mary and Jesus were safe!

God showed His love by helping the wise men find Jesus. God also showed His love by keeping Jesus safe. God shows His love for you, too. The best way God showed His love was by sending His Son, Jesus.

Conclusion

God was with the wise men. He helped them find Jesus. God was with Joseph and Mary and helped them keep Jesus safe. God promises to be with us, too, everywhere we go. The Bible says, "The Lord your God is with you."

- **What did God use to show the wise men where to go?**

- **God is always with you. Where do you like to go?**

La huida a Egipto Mateo 2:1–15

"El SEÑOR tu Dios está en medio de ti". Sofonías 3:17

El resplandor de la estrella

Jesús había nacido en Belén. María y José estaban felices de tener un bebé tan especial. Dios quería que la gente que vivía muy lejos, supiera también que Jesús había nacido. Así que puso en el cielo una estrella muy brillante. ¡Unos hombres sabios vieron la estrella, y supieron que había nacido un gran y nuevo Rey!

"¡Vamos a buscar a ese Rey!", se dijeron aquellos sabios. "Vamos a llevar unos regalos especiales para dárselos al nuevo Rey". Los sabios cargaron sus camellos, salieron y caminaron durante días y días.

Lo buscan

Los sabios se fueron al palacio del rey Herodes. Allí, le preguntaron a Herodes: "¿Dónde está el nuevo Rey? Nosotros vimos su estrella. Lo queremos adorar". ¡El rey Herodes se puso furioso! ¡Él quería ser el ÚNICO rey! Les preguntó a sus ayudantes dónde tenía que nacer aquel nuevo Rey. "La Palabra de Dios dice que nacerá en Belén", le contestaron ellos. Entonces el rey Herodes les dijo a los sabios: "Vayan. Encuentren al niño. Después, venga a decirme dónde está. Yo también quiero ir a adorarlo". ¡Pero en realidad, lo que quería el rey Herodes era dañar a Jesús!

Lo encuentran

Los sabios se fueron a Belén. ¡Allí vieron aquella brillante estrella encima de la casa donde estaba Jesús! Cuando vieron a Jesús, se inclinaron. Le dieron los regalos especiales que habían traído. Entonces, Dios dijo a los sabios en un sueño: "¡NO VUELVAN donde está el rey Herodes!" Los sabios se fueron a su tierra por otro camino. ¡Nunca llegaron a decir al rey Herodes dónde estaba Jesús!

La huida

Poco después de haberse ido los sabios, un ángel habló a José en un sueño. "Levántate", le dijo el ángel. "Toma a María y a Jesús y llévatelos a Egipto. El rey Herodes quiere dañar a Jesús". José se levantó en seguida. Despertó a María, y empacaron juntos unas pocas cosas. Entonces, María, José, y Jesús comenzaron el viaje a Egipto en medio del silencio de la noche. Viajaron durante muchos días. Por fin llegaron a Egipto. ¡José, y María, y Jesús, estaban a salvo!

Conclusión

Dios estaba con Jesús y María, y los ayudó a poner a salvo a Jesús. Dios promete también estar con nosotros, dondequiera que vayamos. Nuestra Biblia dice: "El SEÑOR tu Dios está en medio de ti".

- **¿Qué usó Dios para indicar a los sabios dónde debían ir?**

- **Dios siempre está contigo. ¿Dónde quieres ir?**

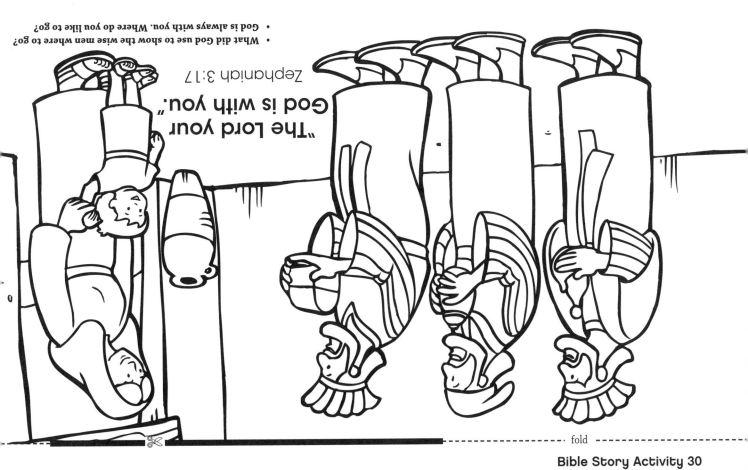

"The Lord your God is with you."

Zephaniah 3:17

- What did God use to show the wise men where to go?
- God is always with you. Where do you like to go?

fold

Bible Story Activity 30

Name _____

- Teacher cuts slits in rolled page (see sketch on back of this page).
- Child colors page.
- Child cuts off star strip, folds page and strip and slides strip into slit to review story action.

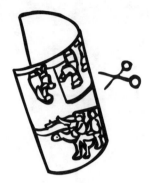

Jesus at the Temple Matthew 2:19-23; Luke 2:41-52

"Teach me your way, O Lord." Psalm 86:11

Jesus the Little Boy

Mary, Joseph and Jesus were living in Egypt. Jesus was growing bigger. One night, God told Joseph, "King Herod is dead. It is safe to take Mary and Jesus home now." They packed their things and walked to their own town of Nazareth.

Joseph was a carpenter. Carpenters use tools and nails to make chairs, tables and other things from wood. As Jesus grew, He probably learned to use a hammer. He probably cut wood with a saw. Jesus helped Joseph make things out of wood.

Jesus the Big Boy

Every year many people traveled to worship God at the Temple in Jerusalem. When Jesus was 12 years old, His family traveled to the Temple, as they did every year. Many families walked together to go to the Temple.

Mary, Joseph and Jesus saw the beautiful Temple. They were glad! Many people prayed and sang glad songs to God at the Temple. They listened to God's Word. They ate special meals and talked to their friends.

Then the visit was over. Many people were walking home with Jesus' family. Joseph and Mary thought Jesus was walking with their friends. But Jesus wasn't! Jesus was still in Jerusalem!

Jesus the Missing Boy

When everyone stopped for the night, Joseph and Mary looked for Jesus. They couldn't find Him! Joseph and Mary began to worry. They asked everyone, "Where's Jesus?" No one knew where Jesus was. Mary and Joseph hurried back to Jerusalem. They asked all the people they saw if they had seen Jesus!

Mary and Joseph went to the big Temple. There was Jesus! He was talking with the Bible teachers! He wasn't afraid. He knew God loved Him. Joseph and Mary were glad to find Jesus! They took Jesus back home. They took care of Him. Jesus grew and learned, just as God had planned.

God loved Jesus as He grew. God loves us as we grow, too. God helps us grow and learn about Him. We know God loves us because He sent Jesus to be born for us.

Conclusion

God loved Jesus as He grew. God loves us as we grow, too. God helps us grow. The Bible says, "Teach me your way, O Lord."

- Who did God give to care for Jesus as he grew?

- Who did God give to care for you as you grow?

Jesús en el Templo Mateo 2:19–23; Lucas 2:41–52

"Instrúyeme, SEÑOR, en tu camino". Salmo 86:11

Cuando Jesús era pequeño

María, José, y Jesús estaban viviendo en Egipto. Jesús crecía. Una noche, Dios dijo a José: "El rey Herodes ha muerto. Ahora, ya no hay peligro y puedes volver con María y con Jesús". Ellos empacaron sus cosas, y se fueron caminando hasta Nazaret, que era su pueblo.

José era carpintero. Los carpinteros usan herramientas y clavos para hacer sillas, mesas y otras cosas de madera. Es probable que Jesús aprendiera a usar el martillo cuando creció. Tal vez cortara la madera con una sierra. Jesús ayudaba a José a hacer cosas de madera.

Cuando Jesús ya era un muchacho grande

Todos los años, mucha gente viajaba hasta Jerusalén para adorar a Dios en el Templo. Cuando Jesús tenía doce años, su familia hizo el viaje hasta el Templo, como hacía todos los años. Muchas familias iban juntas por el camino para llegar al Templo.

María, José y Jesús vieron aquel hermoso Templo. ¡Qué contentos estaban! Había mucha gente orando y cantando cantos alegres a Dios en el Templo. Escucharon la Palabra de Dios. Comieron comidas especiales y conversaron con sus amigos. Por fin, se había acabado la visita. Muchas personas iban de camino a sus casas con la familia de Jesús. José y María pensaban que Jesús estaba caminando con sus amigos. ¡Pero Jesús no estaba con ellos! ¡Jesús seguía estando en Jerusalén!

Jesús, el muchacho perdido

Cuando todos se detuvieron para pasar la noche, Jesús y María buscaron a Jesús. ¡No lo pudieron encontrar! José y María comenzaron a preocuparse. Le fueron preguntando a todo el mundo: "¿Dónde está Jesús?" Nadie sabía dónde estaba. Entonces, María y José volvieron de prisa a Jerusalén. Allí, preguntaban a toda la gente que veían, si había visto a Jesús.

María y José fueron al gran Templo. ¡Allí estaba Jesús! ¡Estaba hablando con los maestros de la Biblia! No les tenía miedo. Sabía que Dios lo amaba. ¡Cómo se alegraron José y María de haber encontrado a Jesús! Se lo llevaron de vuelta a su casa. Lo cuidaron. Jesús creció y aprendió, tal como Dios lo tenía pensado. Dios amaba a Jesús mientras Él iba creciendo.

Conclusión

También nos ama a nosotros mientras vamos creciendo. Nuestra Biblia dice: "Instrúyeme, SEÑOR, en tu camino".

- **¿A quiénes les encomendó Dios que cuidaran a Jesús mientras Él iba creciendo?**

- **¿A quiénes les encomendó Dios que te cuiden a ti mientras vas creciendo?**

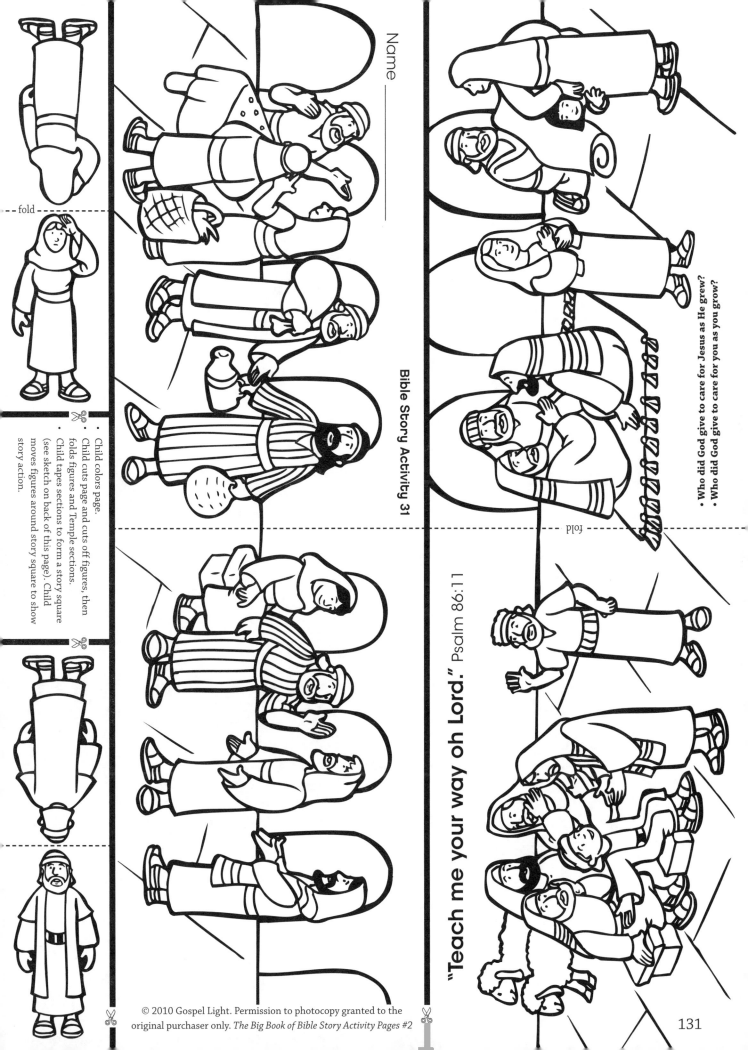

Name _____

Bible Story Activity 31

fold

- Child colors page.
- Child cuts page and cuts off figures, then folds figures and Temple sections.
- Child tapes sections to form a story square (see sketch on back of this page). Child moves figures around story square to show story action.

- Who did God give to care for Jesus as He grew?
- Who did God give to care for you as you grow?

"Teach me your way oh Lord." Psalm 86:11

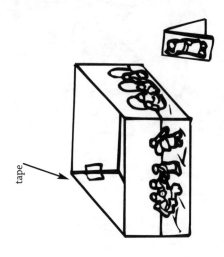

tape

John Preaches in the Desert

Matthew 3:1-6; Mark 1:1-8; Luke 3:1-18

"Stop doing wrong and do good." (See Psalm 34:14.)

Living in the Desert

Jesus had a cousin named John. John lived in the desert all by himself. John wore clothes made of scratchy camel hair, and he wore a leather belt. He ate food he found in the desert: insects like grasshoppers and sweet honey.

God had a special job for John. God wanted John to tell people that Jesus is God's Son.

Telling Many People

John stayed near the Jordan River. He told people to get ready for Jesus. John told people, "God will forgive you for doing wrong things. But stop doing wrong things. Do good things."

People wanted to know good things to do. They asked John, "What should we do?"

John answered, "If you have two coats, give one coat to a person who has no coat. If you have extra food, give some to hungry people."

John told some other people more ways to do what is right. "Don't take money that doesn't belong to you," he said. He told some soldiers, "Don't say someone did wrong when you know that person did NOT do anything wrong. Tell only what is true."

Doing Good Things

Many people listened to John. They wanted to do what is right. John baptized them. He used water to show that God washes away the wrong things people have done. John helped people learn to do good things.

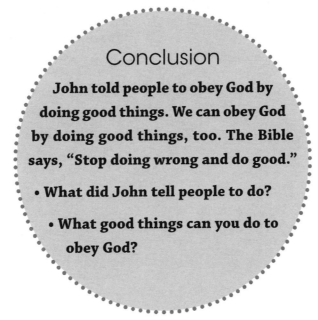

Conclusion

John told people to obey God by doing good things. We can obey God by doing good things, too. The Bible says, "Stop doing wrong and do good."

• What did John tell people to do?

• What good things can you do to obey God?

Juan predica en el desierto

Mateo 3:1-6; Marcos 1:1-8; Lucas 3:1-18

"Aparte del mal y haga el bien". Salmo 34:14

La vida en el desierto

Jesús tenía un primo llamado Juan. Éste vivía solo en el desierto. Usaba una ropa hecha con el áspero pelo de los camellos, y llevaba un cinturón de cuero. Comía lo que encontraba en el desierto: insectos parecidos a los grillos, y miel silvestre.

Dios tenía un trabajo especial a Juan. Quería que Juan le dijera a la gente que Jesús es el Hijo de Dios.

Juan debía hablar a muchas personas

Juan se estaba quedando cerca del río Jordán. Allí le decía a la gente que se preparara para la llegada de Jesús. Les decía: "Dios perdonará las cosas malas que hayan hecho. Pero dejen de hacer cosas malas. Hagan cosas buenas".

La gente quería saber qué cosas buenas podía hacer. Entonces preguntaba a Juan: "¿Qué debemos hacer?"

Juan les respondía: "Si tienen dos abrigos, denle uno de los abrigos a una persona que no tenga ninguno. Si les sobra comida, denle de comer a la gente hambrienta".

Juan también les dijo a más personas de qué maneras podían hacer cosas buenas. "No tomen dinero que no sea suyo", les dijo. A unos soldados les dijo: "No digan que alguien hizo algo malo, cuando ustedes saben que esa persona NO hizo nada malo. Digan sólo la verdad".

Hacer cosas buenas

Mucha gente escuchaba a Juan. Querían hacer cosas buenas. Juan los bautizaba. Usaba el agua para enseñarles que Dios lava a la gente de las cosas malas que ha hecho. Juan ayudaba al pueblo para que aprendiera a hacer cosas buenas.

Conclusión

Juan decía a la gente que obedeciera a Dios haciendo cosas buenas. Nosotros también podemos obedecer haciendo cosas buenas. La Biblia dice: "Aparte del mal y haga el bien".

• ¿Qué decía Juan a la gente que hiciera?

• ¿Qué cosas buenas puedes hacer tú para obedecer a Dios?

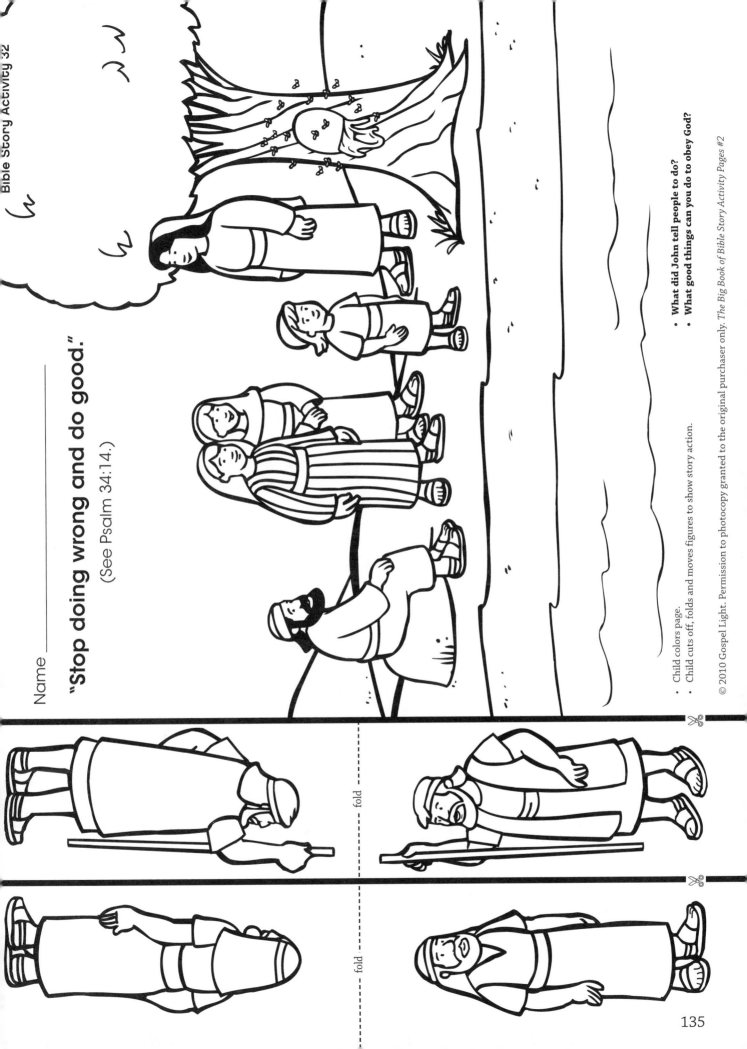

Name _____

"Stop doing wrong and do good."

(See Psalm 34:14.)

- Child colors page.
- Child cuts off, folds and moves figures to show story action.

- **What did John tell people to do?**
- **What good things can you do to obey God?**

fold

fold

John Baptizes Jesus

Matthew 3:13-17; Mark 1:9-11; Luke 3:21-22; John 1:19-34

"Jesus is the Son of God." (See John 1:34.)

John Preaches in the Desert

John talked to people about God. John lived in the desert. Many, many people came to the desert to hear John. John told the people they needed to tell God they were sorry for doing wrong. John baptized many people. (When someone is baptized, water is used to show that God washes away the wrong things they have done.) John said that God would soon send His Son. "Get ready for the One God promised to send," John said.

Jesus Is Baptized

One day, Jesus came to John. He asked John to baptize Him. John said, "You don't need to be baptized. I need You to baptize me!"

Jesus said, "This is what God wants us to do. I want to obey God."

So John baptized Jesus. Then something surprising happened! From heaven, God's Spirit, looking like a dove, came down to Jesus.

And then God spoke from heaven! "This is My Son, whom I love. I am pleased with Him!" God said.

Here Is Jesus

The next day, John saw Jesus. John pointed to Jesus. "Look! There He is," John said. "Here is the One I told you about. He will take away the sin of the world." John wanted everyone to know that Jesus was the One God had promised to send. Jesus is God's Son.

Conclusion

John was glad to know that Jesus is God's Son. We're glad to know that Jesus is God's Son, too. We can show our gladness by singing and by praying. The Bible says, "Jesus is the Son of God."

• What did Jesus say to John? What did John say about Jesus?

• We are glad Jesus is God's Son. How can we show we are glad?

Juan bautiza a Jesús

Mateo 3:13–17; Marcos 1:9–11; Lucas 3:21–22; Juan 1:19–34

"[Jesús] es el Hijo de Dios". Juan 1:34

Juan predica en el desierto

Juan hablaba de Dios a la gente. Vivía en el desierto. Mucha, mucha gente iba al desierto para oír a Juan. Él les decía que necesitaban decir a Dios que lamentaban haber hecho cosas malas. Bautizaba a mucha gente. (Cuando bautizan a alguien, se usa el agua para indicar que Dios lava a la persona de las cosas malas que haya hecho). Juan dijo que Dios enviaría pronto a su Hijo. "Prepárense para recibir a Aquel que Dios prometió que enviaría", les decía Juan.

Juan bautiza a Jesús

Un día, Jesús llegó donde estaba Juan. Pidió que lo bautizara. Juan le dijo: "Tú no necesitas que te bautice. ¡Yo soy el que necesito que tú me bautices a mí!"

Jesús le dijo: "Esto es lo que Dios quiere que hagamos. Y yo quiero obedecer a Dios".

Así que Juan bautizó a Jesús. ¡Entonces pasó algo sorprendente! El Espíritu de Dios descendió del cielo, con un aspecto como de paloma, hasta donde estaba Jesús.

¡Y entonces, Dios mismo habló desde el cielo! "Éste es mi Hijo, al que amo. ¡Yo me complazco en Él!", dijo Dios.

Aquí está Jesús

Al día siguiente, Juan vio a Jesús. Entonces señaló hacia Él. "¡Miren! ¡Allí está!", dijo Juan. "Éste es Aquel del que yo les hablé. Él es el que llevará el pecado del mundo". Juan quería que todo el mundo supiera que Jesús era Aquel que Dios había prometido enviar. Jesús es el Hijo de Dios.

Conclusión

Juan se alegraba de saber que Jesús es el Hijo de Dios. Nosotros también nos alegramos de saber que Jesús es el Hijo de Dios. Podemos mostrar nuestra alegría, cantando y orando. La Biblia dice: "[Jesús] es el Hijo de Dios".

• ¿Qué dijo Jesús a Juan? ¿Qué dijo Juan acerca de Jesús?

• Nosotros nos sentimos alegres de que Jesús sea el Hijo de Dios. ¿Cómo podemos mostrar que estamos alegres?

- Child colors page.
- Child cuts apart, folds and tapes puppets.
- Child retells story with puppets.

tape →  ← tape

- **What did Jesus say to John? What did John say about Jesus?**
- **We are glad Jesus is God's Son. How can we show we are glad?**

**Bible Story
Activity 33**

tape

tape

fold

Jesus

tape

tape

tape

tape

Name _____

fold

"Jesus is the Son of God."
(See John 1:34.)

John

© 2010 Gospel Light. Permission to photocopy granted to the original purchaser only.
The Big Book of Bible Story Activity Pages #2

tape

tape

139

Woman at the Well John 4:3-32

"I will be glad and rejoice in your love." Psalm 31:7

Jesus Sits by a Well

Step, step, step—Jesus and His friends walked and walked along the hot, dusty road. Soon they came to a well filled with cool water. (A well is a deep hole in the ground.) Jesus stopped by the well to rest. His friends walked into a nearby town to buy food.

Jesus Talks to a Woman

While Jesus was resting, a woman came to the well. She was carrying a big jar. The woman came to get water from the well. "Will you please give me a drink of water?" Jesus asked her.

The woman was surprised when Jesus talked to her. She did not know who Jesus was. Then Jesus began to talk about God. The woman listened carefully. Jesus knew all about this woman. Jesus told her about things she had done.

The woman wondered how this man knew all about her. She said, "I know that God will send someone to help us understand what is true."

Jesus said, "I am the One that God promised to send."

Townspeople Come to Hear Jesus

The woman was so happy to hear this good news! She left her water jar by the well. She hurried into town. "Come!" she told the people. "Come see a man who knows all about me! Do you think He was sent by God?"

Many people came with the woman. They wanted to see Jesus. They wanted to hear what He said. "Stay and tell us more," the people said to Jesus. Jesus stayed in their town two days. Jesus told them about God's love. Many people believed what Jesus said, and they loved Jesus, too!

Conclusion

Jesus showed He loved the woman by talking to her and telling her about God. Jesus shows His love to us, too. We're glad Jesus knows us and loves us. The Bible says, "I will be glad and rejoice in your love."

- **What did Jesus do to show love to the woman?**

- **What does Jesus do to show love to you?**

La mujer que estaba junto al pozo Juan 4:3–32

"Me alegro y me regocijo en tu amor". Salmo 31:7

Jesús se sienta junto a un pozo

Paso tras paso, tras paso… Jesús y sus amigos caminaron y caminaron por aquel camino tan caluroso y lleno de polvo. Pronto llegaron a un pozo que estaba lleno de agua fresca. (Un pozo es un hoyo profundo en el suelo). Jesús se detuvo junto al pozo para descansar. Sus amigos se fueron a un pueblo que había allí cerca, para comprar comida.

Jesús le habla a una mujer

Mientras Jesús estaba descansando, llegó al pozo una mujer. Llevaba un gran cántaro. La mujer venía a conseguir agua en el pozo. "¿Me podrías dar un poco de agua, por favor?", le preguntó Jesús.

La mujer se sorprendió cuando Jesús le habló. No sabía quién era Él. Entonces Jesús le comenzó a hablar acerca de Dios. La mujer lo oyó con atención. Jesús conocía toda la vida de aquella mujer, y le habló de algunas cosas que ella había hecho.

La mujer se preguntaba cómo aquel hombre se habría enterado de las cosas de su vida. Ella le dijo: "Yo sé que Dios enviará alguien que nos ayude a entender la verdad".

Jesús le dijo: "Yo soy Aquel que Dios prometió enviar".

La gente del pueblo llega para oír a Jesús

¡Qué contenta se sintió la mujer al oír aquella buena noticia! Dejó su cántaro de agua junto al pozo, y se fue corriendo al pueblo. "Vengan", le dijo a la gente. "¡Vengan a ver a un hombre que me conoce toda mi vida! ¿Creen que sea Dios quien lo envió?"

Mucha gente fue con la mujer. Querían ver a Jesús. Querían oír lo que Él decía. "Quédate y háblanos más", le dijo la gente del pueblo a Jesús. Entonces Jesús se quedó dos días en su pueblo. Les habló del amor de Dios. ¡Mucha gente creyó lo que Jesús decía, y amó también a Jesús!

Conclusión

Jesús mostró su amor por aquella mujer, hablándole acerca de Dios. También nos muestra a nosotros su amor. Estamos contentos de que Jesús nos conozca y nos ame. La Biblia dice: "Me alegro y me regocijo en tu amor".

• ¿Qué hizo Jesús para mostrar su amor a aquella mujer?

• ¿Qué hace Jesús para mostrarte el amor que te tiene?

"I will be glad and rejoice in your love."

Psalm 31:7

· Child colors page.
· Child cuts off figures and tapes strings to back of page and backs of figures.
· Child brings figures to front to retell story.

· **What did Jesus do to show love to the woman?**
· **What does Jesus do to show love to you?**

Tape
string
here.

Tape
string
here

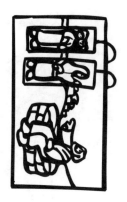

Tape
string
here

Tape
string
here

A Sick Boy Is Made Well John 4:46-53

"Give thanks to the Lord. His love is forever." (See 1 Chronicles 16:34.)

A Sick Boy

Our Bible tells about a boy who was very sick. He had a fever. His father must have done all he could to take good care of his sick boy. But the little boy did not get better. He was still very, very sick.

A Loving Father

How sad I am! thought the little boy's father. *My son is so sick.* The father wanted to help his sick son. Then he remembered that a man named Jesus made sick people well. *I must find Jesus. He can make my son well,* the father thought. And off he went to find Jesus.

The father walked and he walked, and he walked some more. Finally he reached the town where Jesus was. Many people were listening to Jesus. The father ran up to Jesus. "I have been looking for You, Jesus. You must come to my town!" he cried. "My son is very sick. Please come, or he will die."

Some Good news

Jesus loved the man, and He loved the man's son. "You may go home," Jesus said. "Your son will live." The man believed Jesus' words. He knew that Jesus' words were true.

The father began to walk home. He was glad his son would be well. While he was walking, he saw some people coming toward him. As the people got closer, the father could see they were his helpers from home. "Sir, your son is well!" they told him. "He will live!"

"I know," the father said. "Jesus made him well."

The man and his helpers were very happy. They were thankful for Jesus' love.

The boy and his whole family learned that God loved them. God loves us, too. We can thank God for His love.

Conclusion

Jesus helped the sick boy and his family learn about God's love. We are learning about God's love, too. The Bible tells us, "Give thanks to the Lord. His love is forever."

- **Who did Jesus show God's love to?**

- **God loves you. Who did God give to take care of you?**

The Big Book of Bible Story Activity Pages #2

Jesús sana a un muchacho enfermo Juan 4:46–53

"¡Alaben al Señor...su gran amor perdura para siempre!" 1 Crónicas 16:34

Un muchacho enfermo

Nuestra Biblia nos habla de un muchacho que estaba muy enfermo. Tenía fiebre. Su padre debe haber hecho todo lo que pudo por cuidar bien de su hijo enfermo. Pero el niño no mejoraba. Seguía muy, muy enfermo.

Un padre amoroso

¡Qué triste me siento!, pensó el padre de aquel muchachito. *¡Qué enfermo está mi hijo!* El padre quería ayudar a su hijo enfermo. Entonces recordó que un hombre llamado Jesús sanaba a la gente enferma. *Tengo que encontrar a Jesús. Él puede sanar a mi hijo,* pensó el padre. Y salió en busca de Jesús.

El padre caminó, y caminó, y caminó un poco más. Por fin llegó al pueblo donde estaba Jesús. Había mucha gente oyéndolo. El padre corrió hasta donde Jesús estaba. "Te he estado buscando por todas partes, Jesús. ¡Necesito que vengas a mi pueblo!", le gritó. "¡Mi hijo está muy enfermo! Por favor, ven, porque si no, se morirá".

Una buena noticia

Jesús amaba a aquel hombre, y amaba también al hijo del hombre. "Te puedes ir a tu casa", le dijo. "Tu hijo vivirá". El hombre creyó las palabras de Jesús. Sabía que Jesús siempre decía la verdad.

El padre comenzó a caminar de vuelta a su casa. Iba contento, porque su hijo se iba a poner bien. Mientras caminaba, vio que alguien caminaba hacia él. Cuando estuvieron más cerca, se dio cuenta de que eran los ayudantes que tenía en su casa. "¡Señor, su hijo ya está bien!", le dijeron. "¡Vivirá!"

"Ya lo sé", les dijo el padre. "Jesús lo sanó".

El hombre y sus ayudantes estaban muy contentos. Estaban agradecidos por el amor de Jesús.

El muchacho y toda su familia aprendieron así que Dios los amaba. Dios nos ama a nosotros también. Le podemos dar gracias por su amor.

Conclusión

Jesús ayudó al muchacho enfermo y a su familia para que aprendieran que Dios los amaba. Nosotros también estamos aprendiendo acerca del amor de Dios. Nuestra Biblia nos dice: "¡Alaben al Señor...su gran amor perdura para siempre!"

- **¿A quién le mostró Jesús el amor de Dios?**

- **Dios te ama. ¿A quién te dio Dios para que te cuidara?**

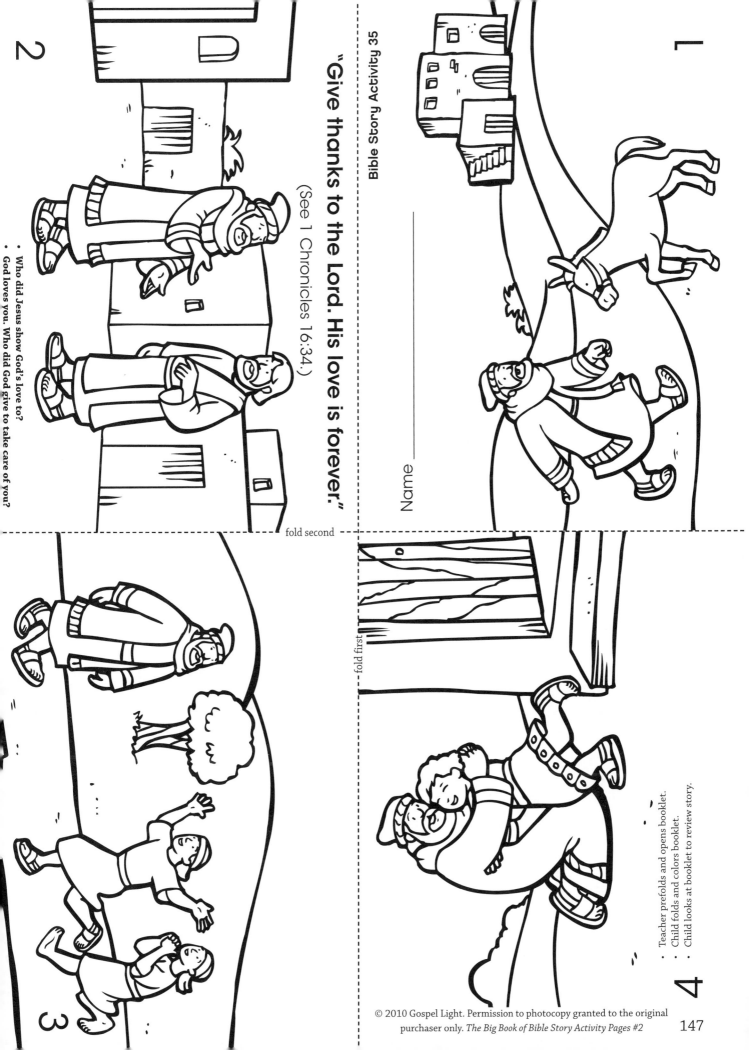

"Give thanks to the Lord. His love is forever."

(See 1 Chronicles 16:34.)

Name _____

fold second

fold first

1

2

3

4

• Who did Jesus show God's love to?
• God loves you. Who did God give to take care of you?

• Teacher prefolds and opens booklet.
• Child folds and colors booklet.
• Child looks at booklet to review story.

147

Jesus Chooses Helpers Matthew 4:18-22; Luke 5:27-28

"'Come, follow me,' Jesus said." Matthew 4:19

Fishermen

One day Jesus walked by the big blue Sea of Galilee. He saw some fishermen in their boats. They were throwing their big fishing nets out into the water. Jesus knew two of these fishermen.

"Peter! Andrew!" Jesus called. Peter and Andrew looked to see who was calling their names! When they saw Jesus, they pulled their nets into their boat. They hurried to see Jesus.

Two Helpers

When Peter and Andrew came to the beach, Jesus said, "Come and help Me tell people about God." Peter and Andrew obeyed. They went with Jesus. They wanted to learn more about Him. They wanted to help others learn about Jesus, too. Now Jesus had two helpers.

More Helpers

Later Jesus and His two friends saw two other fishermen. "James and John!" Jesus called. "Come with Me!" Right away, James and John went, too. They were glad to go with Jesus. Now Jesus had four helpers.

On another day, Jesus walked by a man named Matthew. Matthew was at work. "Follow Me, Matthew," said Jesus. Matthew got right up. He left everything! Now Jesus had FIVE friends to help Him! On other days, Jesus asked other people to be His helpers—until He had 1, 2, 3, 4, 5, 6, 7, 8, 9, 10, 11, 12 helpers.

Twelve Helpers

Jesus told His 12 helpers many things about God. Then He sent them to different towns so that they could tell other people about God. Jesus' friends did just what Jesus said to do. They told other people about God!

Conclusion

Jesus' 12 helpers were glad to learn about God and His Son, Jesus. We can learn about God and His Son, Jesus, too. The Bible tells us, "'Come, follow me,' Jesus said."

• What did Jesus say to the fisherman and to Matthew?

• What can we do to learn about God and His Son, Jesus?

Jesús escoge a sus ayudantes

Mateo 4:18–22; Lucas 5:27–28

"'Vengan, síganme —les dijo Jesús'". Mateo 4:19

Unos pescadores

Un día, Jesús estaba caminando junto al gran mar azul de Galilea. Vio a unos pescadores en sus barcas. Estaban tirando al agua sus grandes redes de pescar. Jesús conocía a dos de aquellos pescadores.

"¡Pedro! ¡Andrés!", los llamó Jesús. Pedro y Andrés levantaron los ojos para ver quién los estaba llamando por sus nombres. Cuando vieron que era Jesús, recogieron sus redes en la barca. Entonces se fueron de prisa a ver a Jesús.

Dos ayudantes

Cuando Pedro y Andrés llegaron a la orilla, Jesús les dijo: "Vengan y ayúdenme a hablar de Dios a la gente". Pedro y Andrés obedecieron. Se fueron con Jesús. Querían saber más acerca de Él. Querían ayudar a otros a aprender también acerca de Jesús. Ahora Jesús tenía dos ayudantes.

Más ayudantes

Después de esto, Jesús y sus dos amigos vieron a otros dos pescadores. "¡Jacobo y Juan!", los llamó Jesús. "¡Vengan conmigo!" En seguida, Jacobo y Juan se fueron también con Él. Estaban contentos de irse con Jesús. Ahora Jesús tenía cuatro ayudantes.

Otro día, Jesús pasó junto a un hombre que se llamaba Mateo. Mateo estaba en su trabajo. "Sígueme, Mateo", le dijo Jesús. Mateo se levantó en seguida. ¡Lo dejó todo! ¡Ahora Jesús tenía ya CINCO amigos que lo ayudaban! En otros días, Jesús les fue pidiendo a otros que fueran ayudantes suyos, hasta que tuvo 1, 2, 3, 4, 5, 6, 7, 8, 9, 10, 11, 12 ayudantes.

Doce ayudantes

Jesús dijo muchas cosas a sus doce ayudantes acerca de Dios. Después los envió a diferentes poblaciones, para que pudieran hablar de Dios a otra gente. Estos amigos de Jesús hicieron exactamente lo que Jesús les había dicho que hicieran. ¡Hablaron de Dios a los demás!

Conclusión

Los doce ayudantes de Jesús se sintieron contentos de poder aprender acerca de Dios y de su Hijo Jesús. Nosotros también podemos aprender acerca de Dios y de su Hijo Jesús. La Biblia nos dice: "'Vengan, síganme —les dijo Jesús'".

- ¿Qué dijo Jesús a los pescadores y a Mateo?

- ¿Qué podemos hacer nosotros para aprender acerca de Dios y de su Hijo Jesús?

Name _____

"'Come, follow me,' Jesus said." Matthew 4:19

✄ fold

- **What did Jesus say to the fishermen and to Matthew?**
- **What can we do to learn about God and His Son, Jesus?**

· Child colors page.
· Child cuts off and folds Jesus figure.
· Child moves Jesus figure along path to retell story.

Jesus' Prayer   Matthew 6:5-13; Mark 1:35-37; Luke 11:1-4

"Pray to God, and he will hear you." (See Job 22:27.)

Jesus Is Missing

One day, people came to the house where Jesus was staying. All day long, Jesus made many sick people well. And all day long, Jesus told people about God's love. Soon it was bedtime. Jesus and His friends went to sleep in the house.

When it was morning, Jesus' friends couldn't find Him. They probably called His name, but Jesus didn't answer. *Where was Jesus?* His friends must have wondered. Jesus' friends looked inside and outside the house. They STILL did not find Jesus.

Jesus Is Praying

So Jesus' friends walked down the road, trying to find Jesus. Soon they came to a quiet place. They saw Jesus there, all alone. He was praying. He was talking to God. Jesus often prayed by Himself.

Teach Us to Pray

One day, one of Jesus' friends asked, "Will You teach us to pray?"

"Yes," Jesus said, "I will teach you to pray." Jesus said, "When you pray, pray like this:

Our Father in heaven, You are so good. I pray that all people will obey You. Give us what we need each day. Forgive the wrong things we do. We forgive people who do wrong to us. Help us to do right. You are the King. You can do anything. Amen."

Jesus told His friends that they could talk to God in the same way they talk to a kind, loving father. Jesus told them to ask God for what they need. Jesus said they should ask God to forgive the wrong things they do. And they should forgive other people for wrong things other people do to them. They could ask God to help them do right things.

Conclusion

Jesus' friends must have been glad that He taught them things to pray about. Jesus' prayer helps us know what to pray about, too. We are glad to know that God promises to hear our prayers. The Bible says, "Pray to God, and he will hear you."

- What was Jesus doing when His friends found Him? What did His friends ask Jesus to teach them?

- What can you pray to God about?

La oración de Jesús Mateo 6:5–13; Marcos 1:35–37; Lucas 11:1–4

"Cuando ores [a Dios], él te escuchará". Job 22:27

No encuentran a Jesús

Un día, la gente fue a la casa donde se estaba quedando Jesús. Durante todo el día, Jesús sanó a muchos enfermos. Y también durante todo el día, les habló del amor de Dios. Muy pronto llegó la hora de acostarse. Jesús y sus amigos se fueron a dormir en la casa.

Cuando llegó la mañana, los amigos de Jesús no lo pudieron encontrar. Tal vez lo llamaran por su nombre, pero Jesús no les respondía. ¿Dónde estaría Jesús?, se deben de haber preguntado sus amigos. Lo buscaron dentro y fuera de la casa. Pero NO pudieron encontrar a Jesús.

Jesús está orando

Entonces, los amigos de Jesús se fueron al camino, tratando de encontrarlo. Poco después, llegaron a un lugar tranquilo. Allí vieron a Jesús, totalmente solo. Estaba orando. Estaba hablando con Dios. Con mucha frecuencia Jesús oraba solo.

Enséñanos a orar

Un día, uno de los amigos de Jesús le preguntó: "¿Nos querrías enseñar a orar?" "Sí", le respondió Jesús, "les voy a enseñar a orar". Entonces les dijo: "Cuando oren, oren así: Padre nuestro que estás en el cielo. ¡Qué bueno eres! Te pido que toda la gente te obedezca. Danos cada día lo que necesitemos. Perdónanos las cosas malas que hagamos. Nosotros perdonamos a los que nos hayan hecho algún mal. Ayúdanos a hacer el bien. Tú eres el Rey. Tú lo puedes hacer todo. Amén".

Jesús dijo a sus amigos que le podían hablar a Dios de la misma forma que hablaban a un padre bondadoso y lleno de amor. Les dijo que le pidieran a Dios lo que necesitaban. Les dijo que debían pedir que les perdonara las cosas malas que ellos hicieran. Y ellos tenían que perdonar a otras personas las cosas malas que les hicieran a ellos. Podían pedir a Dios que los ayudara a hacer cosas buenas.

.

Conclusión

Los amigos de Jesús se deben de haber sentido contentos de que Él les enseñara a orar, y las cosas por las que debían orar. La oración de Jesús nos ayuda también a nosotros a saber cuáles son las cosas por las que debemos orar. Es una alegría saber que Dios promete oír nuestras oraciones. Nuestra Biblia dice: "Cuando ores [a Dios], él te escuchará".

- **¿Qué estaba haciendo Jesús cuanto lo encontraron sus amigos? ¿Qué le pidieron sus amigos que les enseñara?**

- **¿Cuáles son las cosas por las cuales tú puedes orar?**

"Pray to God, and he will hear you."

(See Job 22:27.)

Name _____

What was Jesus doing when His friends found Him?
What did His friends ask Jesus to teach them?
What can you pray to God about?

2

1

- Teacher prefolds page.
- Child opens flaps to review story.

4

3

Friends Help a Lame Man Mark 2:1-12

"Always try to be kind to each other." 1 Thessalonians 5:15

Four Good Friends

Our Bible tells about a man who was lame. That means his legs didn't work like yours. He couldn't walk. He couldn't even stand up! He could only lie on his mat and wait for his kind friends to help him. The lame man wanted to be well—to sit up, to stand and to walk all by himself!

One Good Idea

One day this man's four friends heard that Jesus was in their town. "If only he could go to see Jesus," the friends must have said to each other. "Surely Jesus could make our friend well!"

The four friends picked up the man on his mat. They carried him as they walked down the road to see Jesus. But when they got to the house where Jesus was talking, it was packed full of people. Many people wanted to see Jesus. There was hardly any room inside! People were standing in the doorway, trying to get into the house. Other people stood outside, looking in the windows.

The four friends must have felt sad. There was just no way to get in—not even for one person and especially not for the four of them and their friend lying on his mat.

Then the friends remembered the flat roof on top of the house. The friends climbed the stairs outside the house to the roof. They carried their friend with them. The four friends began to pull away pieces of the roof. Finally the hole was big enough! Carefully the friends lowered the man down, down into the house. Soon he was right in front of Jesus.

Two Good Legs

Jesus loved the man. "Stand up, take your mat and walk," Jesus told him. And the man did just that! How happy he was that Jesus was kind and made him well. How thankful he was for his kind friends. All the people in the house were surprised! The people thanked God.

Conclusion

The lame man's friends were kind to him by carrying him to see Jesus. Jesus was kind, too. He made the man well! We can be kind to others every day. The Bible tells us, "Always try to be kind to each other."

- **What did the friends do to be kind?**
- **Who is someone you can be kind to?**

The Big Book of Bible Story Activity Pages #2

Los amigos de un paralítico lo ayudan

Marcos 2:1–12

"Esfuércense siempre por hacer el bien…a todos". 1 Tesalonicenses 5:15

Cuatro buenos amigos

Nuestra Biblia nos habla de un hombre paralítico. Eso significa que sus piernas no funcionaban bien como las tuyas. No podía caminar. ¡Ni siquiera se podía poner de pie! Sólo podía quedarse tirado en su esterilla, y esperar a que sus bondadosos amigos lo ayudaran. Aquel paralítico quería curarse: ¡poder sentarse, ponerse de pie, y caminar sin la ayuda de nadie!

Una buena idea

Un día, los cuatro amigos de este hombre se enteraron de que Jesús estaba en su pueblo. "Si nuestro amigo pudiera ir a ver a Jesús", se deben de haber dicho entre sí los amigos, "¡seguramente Jesús lo sanaría!"

Los cuatro amigos recogieron al hombre en su esterilla. Se lo llevaron por el camino para ir a ver a Jesús. Pero cuando llegaron a la casa donde Jesús estaba hablando, la casa estaba repleta de gente. Eran muchos los que querían ver a Jesús. ¡Adentro no quedaba casi ningún lugar vacío! Había gente de pie junto a la entrada, tratando de entrar a la casa. Otra gente estaba de pie fuera de la casa, mirando por las ventanas.

Los cuatro amigos deben de haberse sentido tristes. Sencillamente, no había forma alguna de entrar… ni siquiera para una sola persona, y mucho menos para ellos cuatro, con su amigo acostado en su esterilla.

Entonces los amigos recordaron el techo plano que tenía aquella casa. Subieron por las escaleras que iban por fuera de la casa hasta el techo. Se llevaron con ellos a su amigo. Entonces los cuatro amigos comenzaron a quitar pedazos al techo. ¡Por fin pudieron abrir un agujero lo suficientemente grande! Los amigos hicieron bajar con todo cuidado a aquel hombre hasta dentro de la casa. Muy pronto estaba directamente delante de Jesús.

Dos buenas piernas

Jesús sintió amor por aquel hombre. "Levántate, toma tu esterilla, y camina", le dijo. ¡Y eso fue lo que hizo el hombre! ¡Qué feliz se sentía de que Jesús fuera tan bondadoso, y lo hubiera sanado! ¡Qué agradecido se sentía por sus bondadosos amigos! Toda la gente que había en la casa quedó sorprendida. Aquella gente dio gracias a Dios.

Conclusión

Los amigos del paralítico fueron bondadosos con él, y lo llevaron a ver a Jesús. Jesús también fue bondadoso con aquel hombre. ¡Lo sanó! Nosotros también podemos ser bondadosos con los demás todos los días. La Biblia nos dice: "Esfuércense siempre por hacer el bien…a todos".

- ¿Qué hicieron los amigos para mostrar su bondad?

- ¿Con quién puedes ser bondadoso tú?

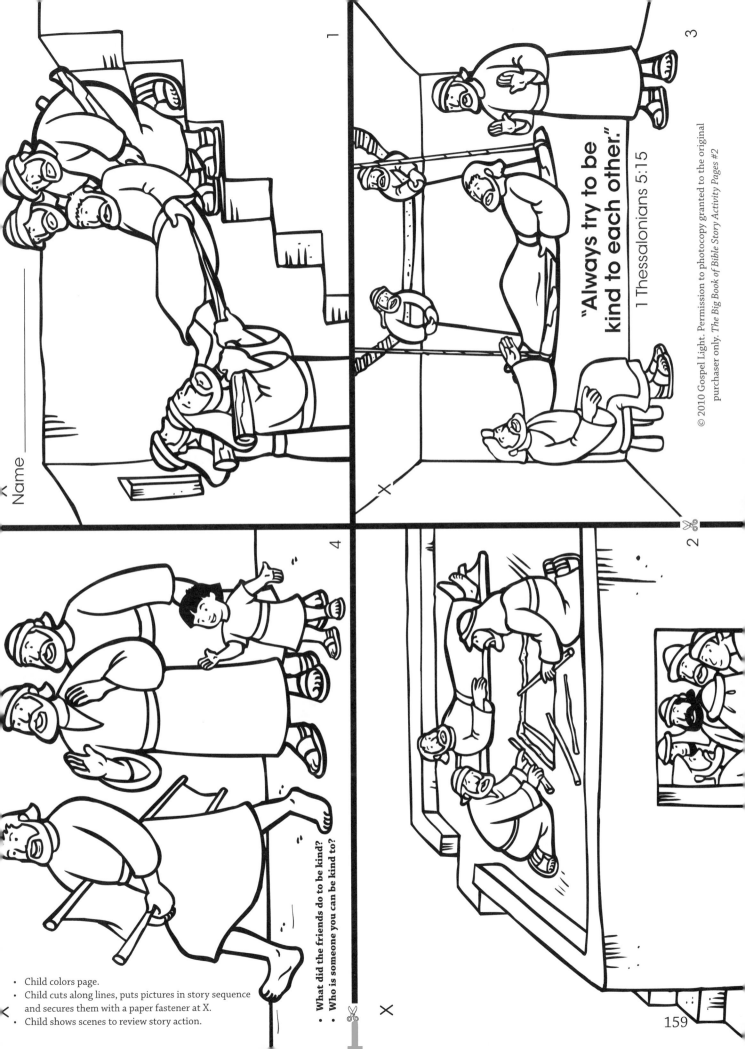

Name _____

1

3

"Always try to be
kind to each other."

1 Thessalonians 5:15

4

2

• What did the friends do to be kind?
• Who is someone you can be kind to?

• Child colors page.
• Child cuts along lines, puts pictures in story sequence
  and secures them with a paper fastener at X.
• Child shows scenes to review story action.

One Man Thanks Jesus Luke 17:11-19

"I will give thanks to the Lord." Psalm 7:17

Ten Sad, Sick Men

The Bible tells us about 10 men who were very sick. They had terrible sore places all over their bodies. They were so sick they couldn't live with their families. They were so sick they couldn't talk with their friends. They were so sick no one would let them come near because no one wanted to catch their disease. Then one day, they heard about Jesus. Jesus walked from town to town telling people about God and helping people. The 10 sick men heard that Jesus was coming to their town!

The sick men must have talked excitedly. They said, "Maybe Jesus will help us!" They stood far back from the road and watched for Jesus. There He was! The men began to shout, "Jesus! Jesus! Please help us!"

Ten Happy, Healed Men

Jesus loves everyone, and He loved these sick men. Jesus wanted to make them well. "Go and show the Temple leader that you are now well," He told them.

The 10 men didn't feel well, and they didn't look well. Still, they did what Jesus had told them. As the 10 men walked, suddenly they were made well! They were no longer sick! The sores on their arms and legs were gone. Now they would be able to live with their families and talk with their friends. They were very happy!

One Thankful Man

One man remembered that it was Jesus who had made them well. He stopped walking. I must go back and thank Jesus for making me well, the man must have thought. He began to run back to where Jesus was. He could hardly wait to see Jesus!

When he saw Jesus, he knelt down in front of Jesus and said, "Thank You, Jesus, for making me well!"

One man remembered to say "Thank You" to Jesus for making him well. We can remember to say "Thank You" to God, too. We can thank Him for the good things He gives us and does for us.

Conclusion

One man showed his love for Jesus by remembering to say "Thank You" for making him well. We can remember to say "Thank You" to God, too. We can thank Him for the good things He gives us and does for us. The Bible says, "I will give thanks to the Lord."

- How many men thanked Jesus?

- What is something you can thank God for?

The Big Book of Bible Story Activity Pages #2

Un hombre da gracias a Jesús Lucas 17:11–19

"Alabaré al SEÑOR". Salmo 7:17

Diez enfermos tristes

La Biblia nos habla de diez hombres que estaban muy enfermos. Tenían todo el cuerpo cubierto de horribles llagas. Estaban tan enfermos, que no podían vivir con sus familias. Tan enfermos, que no podían ni hablar con sus amigos. Tan enfermos, que nadie dejaba que se le acercaran, porque nadie quería contagiarse con su enfermedad. Entonces, un día oyeron hablar de Jesús. Jesús iba caminando de pueblo en pueblo, hablando de Dios a la gente, y ayudándola. ¡Los diez enfermos oyeron decir que Jesús iba a llegar a su pueblo!

Aquellos enfermos deben de haber hablado entre sí emocionados. Dirían: "¡Tal vez Jesús nos ayude!" Entonces, se quedaron de pie muy lejos del camino, esperando a Jesús. ¡Allí estaba! Los hombres comenzaron a gritar: "¡Jesús! ¡Jesús! ¡Ayúdanos, por favor!"

Diez hombres felices y sanos

Jesús ama a todo el mundo, y amaba también a aquellos enfermos. Por eso los quiso sanar. "Vayan a enseñar al líder del Templo que ahora ya están bien", les dijo.

Los diez hombres no se sentían bien; ni siquiera se veían bien. Sin embargo, hicieron lo que Jesús les había dicho que hicieran. Mientras iban caminando los diez, ¡de repente quedaron sanados! ¡Ya no estaban enfermos! Habían desaparecido las llagas de sus brazos y de sus piernas. Ahora podrían volver a vivir con sus familias, y hablar con sus amigos. ¡Estaban muy felices!

Un hombre agradecido

Un hombre recordó que había sido Jesús el que los había sanado. Dejó de caminar. *Tengo que volver para dar gracias a Jesús por haberme sanado*, debe de haber pensado aquel hombre. Entonces comenzó a correr hacia el lugar donde estaba Jesús. ¡Tenía prisa por ver a Jesús!

Cuando vio a Jesús, se arrodilló delante de Él, y le dijo: "¡Gracias, Jesús, por haberme sanado!"

Un solo hombre se acordó de dar gracias a Jesús por haberlo sanado. Nosotros también podemos acordarnos de dar gracias a Dios. Le podemos agradecer las cosas buenas que nos da, y que hace por nosotros.

Conclusión

Un hombre mostró su amor por Jesús, recordando que debía dar las gracias por haberlo sanado. Nosotros también podemos acordarnos de dar gracias a Dios. Podemos darle las gracias por las cosas buenas que nos da y que hace por nosotros. Nuestra Biblia dice: "Alabaré al SEÑOR".

• ¿Cuántos de aquellos hombres dieron gracias a Jesús?

• ¿Por cuáles cosas puedes tú dar gracias a Dios?

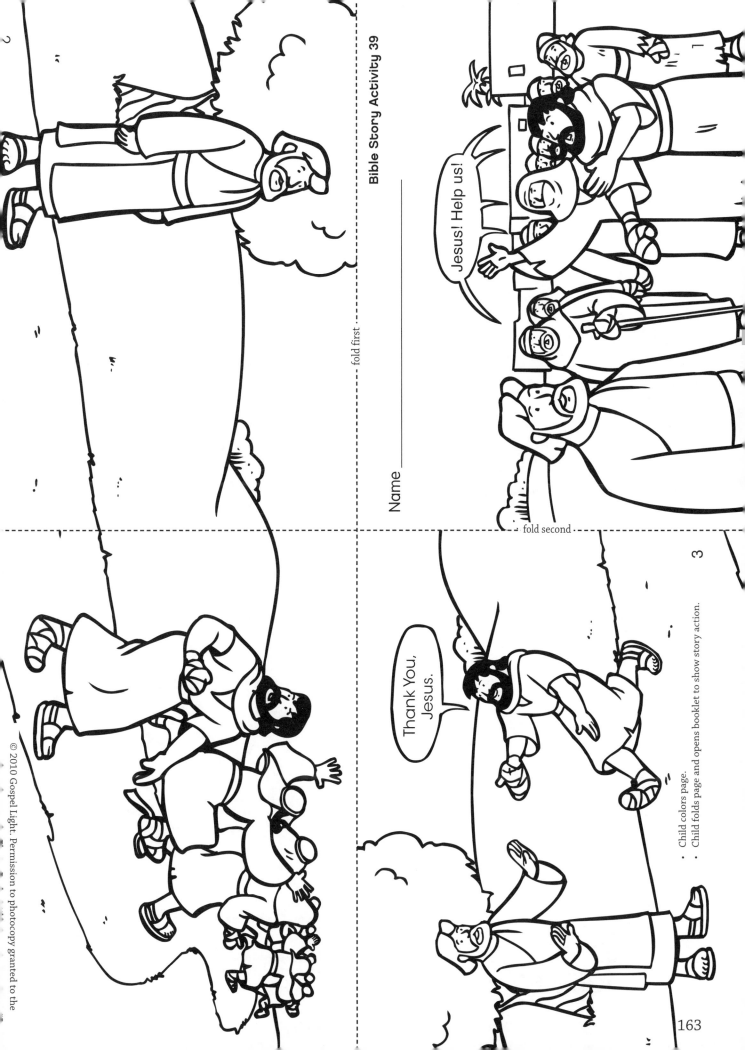

Bible Story Activity 39

Jesus! Help us!

Name _____

- - - fold first - - -

- - - fold second - - -

Thank You, Jesus.

- Child colors page.
- Child folds page and opens booklet to show story action.

© 2010 Gospel Light. Permission to photocopy granted to the

2

1

3

163

"I will give thanks to the Lord." Psalm 7:17

- How many men thanked Jesus?
- What is something you can thank God for?

4

Jesus Loves Children Matthew 19:13-15; Mark 10:13-16

"Jesus said, 'Let the little children come to me.'" Matthew 19:14

Going to Meet Jesus

One day, some mothers and fathers heard that Jesus was coming. They wanted their children to meet Jesus! So they started to get ready. They probably washed the children's faces. They combed the children's hair. The mothers probably made sure their children were wearing clean clothes. Then off the families went toward the place where Jesus was.

As these families walked closer, they could see that Jesus was busy. He was talking to some grown-ups.

Stopping the Children

Those mothers and fathers wanted their children to meet Jesus! They probably took their children's hands. They went in and out and around the crowd of people. Soon they were close to Jesus. They must have been happy and excited! But just then, some of Jesus' friends stopped the families.

"Stand back!" they said. "Jesus is too busy to see children."

The children and their mothers and fathers must have felt so sad! They turned to walk away. But wait! They heard Jesus say something.

Welcoming the Children

"Let the children come to Me!" Jesus said. "Do not send the children away. I love children. I want to see them!" Jesus had not wanted His friends to send the children away at all!

Jesus' friends must have felt a little silly. They were surprised that Jesus cared so much about children. Jesus thought that children were just as important as grown-ups.

So the children came to Jesus. Some children probably ran to hug him. Some children may have stood shyly near Him. A few probably climbed right up onto His lap. Jesus put His arms around them. He prayed for each child. The children must have felt very happy! The children knew that Jesus loved them.

Conclusion

Jesus showed that He loved the children in the Bible story. He was glad to see them! Jesus loves and cares for each of you, too. The Bible tells, "Jesus said, 'Let the little children come to me.'"

• What did Jesus do to show His love for the children?

• When can you thank Jesus for His love for you?

Jesús ama a los niños Mateo 19:13–15; Marcos 10:13–16

"Jesús dijo: Dejen que los niños vengan a mí". Mateo 19:14

Van al encuentro de Jesús

Un día, algunos padres y madres oyeron decir que Jesús se dirigía a su pueblo. ¡Ellos querían que sus hijos conocieran a Jesús! Así que comenzaron a prepararse. Es probable que lavaran la cara a los niños. Los peinarían. Las madres se asegurarían de que sus hijos tuvieran puesta una ropa limpia. Después de esto, las familias salieron hacia el lugar donde estaba Jesús. Cuando las familias se acercaron a aquel lugar, pudieron ver que Jesús estaba ocupado. Estaba hablando con unas cuantas personas mayores.

No dejan que lleguen los niños

¡Aquellos padres y madres querían que sus hijos conocieran a Jesús! Es probable que llevaran a sus hijos tomados de la mano. Entraron y salieron de la multitud de gente que había, y le dieron la vuelta. Pronto se pudieron poner cerca de Jesús. ¡Deben haber estado felices y emocionados! Pero en ese mismo momento, algunos de los amigos de Jesús les cortaron el paso a aquellas familias.

"¡Atrás!", les dijeron. "Jesús está demasiado ocupado para estar viendo niños". ¡Qué tristes se deben haber sentido los niños, y también sus padres y madres! Se dieron vuelta para alejarse de allí. ¡Pero espera! Entonces oyeron que Jesús decía algo.

Jesús recibe a los niños

"¡Dejen que los niños vengan a mí!", dijo Jesús. "No los despidan. Yo amo a los niños. ¡Los quiero ver!" ¡Jesús no quería de ninguna manera que sus amigos obligaran a los niños a irse!

Los amigos de Jesús se deben haber sentido un poco avergonzados. Les sorprendió que a Jesús le importaran tanto los niños. Jesús pensaba que los niños son tan importantes como la gente grande.

Así que los niños se acercaron a Jesús. Es posible que algunos de ellos corrieran a abrazarlo. Otros tal vez se hayan quedado tímidamente de pie cerca de Él. Es probable que algunos niños subieran a las rodillas del Señor. Jesús los rodeó con sus brazos. Oró por cada uno de ellos. ¡Aquellos niños se deben de haber sentido muy felices! Los niños sabían que Jesús los amaba.

Conclusión

En este relato bíblico, Jesús mostró que Él ama a los niños. ¡Se sintió feliz de verlos! Jesús también te ama a ti y cuida de ti. La Biblia dice: "Jesús dijo: Dejen que los niños vengan a mí".

• ¿Qué hizo Jesús para mostrar que amaba a los niños?

• ¿Cuándo puedes tú dar gracias a Jesús por el amor que Él te tiene?

Name

· Child colors page.
· Child turns over page to retell story action.

The Big Book of Bible Story Activity Pages #2

"Jesus said, 'Let the little children come to me.'"

Matthew 19:14

• What did Jesus do to show His love for the children?
• When can you thank Jesus for His love for you?

A Rich Man's Question

Matthew 19:16-26; Mark 10:17-27; Luke 18:18-27

"Do good and be ready to share." (See 1 Timothy 6:18.)

A Good Question

One day Jesus was walking with His friends. A rich young man ran up to Him. "Teacher, what should I do so that I can live forever?" the young man asked Jesus.

A Hard Answer

Jesus looked at the man. Jesus said, "You must obey God's rules. Do not kill. Do not take things that do not belong to you. Do not say things that are not true. Show love to your father and mother. Be kind to people."

The rich young man knew these rules. He had learned them when he was a young boy. "Teacher, I have obeyed God's rules since I was a boy," the man said.

Jesus loved this man. Jesus was glad the man had obeyed God's rules. But Jesus knew the man loved his money more than he loved God. So Jesus told him, "You must do one more thing: Sell everything you have. Share the money with others who do not have food and clothes. Then follow Me."

A Sad Choice

Well, that rich young man had a lot that he could sell! He may have had big barns or lots of animals or even bags of money! But he didn't want to share any of it; he wanted to KEEP it all! Sharing what he had with others was one thing that the rich man just wouldn't do. So the rich young man sadly walked away.

Jesus turned to His friends and said, "It is hard for people who love money to love and obey God." Jesus told His friends, "You need God's help to love and obey Him."

The rich young man didn't want to share with others. He didn't want to show God's love by sharing what he had. Jesus teaches us to show God's love to others.

Conclusion

The rich young man was sad because he didn't want to share with others. Jesus teaches us to do good things for others. The Bible says, "Do good and be ready to share."

- **What did Jesus tell the man to do?**

- **What can we share with others?**

La pregunta de un hombre rico

Mateo 19:16–26; Marcos 10:17–27; Lucas 18:18–27

"Hagan el bien, dispuestos a compartir". 1 Timoteo 6:18

Una buena pregunta

Un día, Jesús iba caminando con sus amigos. Un joven que era rico corrió hasta donde Él estaba. "Maestro, ¿qué debo hacer para poder vivir por siempre?", le preguntó aquel joven a Jesús.

Una dura respuesta

Jesús miró a aquel hombre. Y entonces le dijo: "Tienes que obedecer las reglas puestas por Dios. No mates. No te quedes con nada que no sea tuyo. No digas cosas que no sean ciertas. Muestra tu amor a tu padre y a tu madre. Sé bueno con la gente".

El joven rico conocía esas reglas. Las había aprendido cuando aún era un niño pequeño. "Maestro, yo he obedecido las reglas de Dios desde que era niño", le dijo el hombre.

Jesús amó a aquel hombre. Estaba contento porque había obedecido las reglas de Dios. Pero Él sabía que ese hombre amaba a su dinero más de lo que amaba a Dios. Por eso le dijo: "Hay una cosa más que tienes que hacer: Vende todo lo que tienes. Comparte el dinero con otros que no tengan comida ni ropa. Y después, sígueme".

Una triste decisión

Bueno, ¡aquel joven rico tenía un montón de cosas que podía vender! ¡Tal vez tuviera grandes graneros, o muchos animales, o hasta sacos llenos de dinero! Pero no quería compartir nada de aquello; ¡lo quería GUARDAR todo para él! Compartir con otras personas lo que tenía era algo que el joven rico no estaba dispuesto a hacer. Así que se puso triste y se fue.

Jesús se volvió a sus amigos y les dijo: "Para la gente que ama el dinero, es duro amar y obedecer a Dios". Y les dijo también: "Ustedes necesitan que Dios los ayude a amarlo y a obedecerlo".

El joven rico no quiso compartir con otros lo que tenía. No quería mostrar el amor de Dios compartiendo sus cosas. Jesús nos enseña a mostrarnos unos a otros el amor de Dios.

Conclusión

El joven rico estaba triste, porque no quería compartir nada con los demás. Jesús nos enseña a hacer cosas buenas por las otras personas. Nuestra Biblia dice: "Hagan el bien, dispuestos a compartir".

- **¿Qué dijo Jesús a aquel hombre que hiciera?**

- **¿Qué podemos compartir con los demás?**

**"Do good and be
ready to share."**

(See 1 Timothy 6:18.)

Name _____

- **What did Jesus tell the man to do?**
- **What can we share with others?**

- Child cuts apart page and assembles puzzle.
- Child colors completed picture and tells story action.

Jesus Loves Zacchaeus Luke 19:1-10

"You are kind and forgiving, O Lord," (See Psalm 86:5.)

Zacchaeus Wants to See Jesus

Zacchaeus had a LOT of money. He had a lot of money because he took money that did NOT belong to him! Zacchaeus had been unkind. People did not like him because of all the times he had taken money that was not his.

One day, Jesus came to the town where Zacchaeus lived. The people crowded the road, waiting to see Jesus. I want to see Jesus, Zacchaeus decided. He hurried to the road where Jesus was walking.

Zacchaeus Climbs a Tree

But when Zacchaeus got there, he could NOT see Jesus. Zacchaeus was not very tall. There were so many people who wanted to see Jesus. Even when he stood on tiptoe, Zacchaeus couldn't see over the people.

But then Zacchaeus had an idea. He ran to a big tree. He climbed up-up-UP the tree. Now he could see over all the people!

Zacchaeus could see Jesus. Jesus came closer and closer—until Jesus was right under the tree! Jesus stopped and looked up at Zacchaeus.

Jesus Shows Love

"Come down, Zacchaeus," said Jesus. "I want to stay at your house today." Zacchaeus climbed down-down-down from that tree. He was surprised that Jesus talked to him! But Zacchaeus was very glad to have Jesus come to his house.

Zacchaeus Wants to Do Right

Jesus loves me! Zacchaeus must have thought. He thought about the unkind things he had done. He thought about the money he had wrongly taken away from people. Zacchaeus was sorry he had taken the money. Zacchaeus told Jesus he wanted to give back the money he had taken. And he wanted to give money to the poor people, too!

Zacchaeus had learned to love Jesus. Jesus was not angry at him, even though Zacchaeus had done wrong things. Jesus was kind to him. We know that Jesus loves us, too. Jesus will help us be kind and show His love to others. I'm so glad for Jesus' love.

Conclusion

Jesus loved and forgave Zacchaeus. We know that God will love and forgive us, too. When we do wrong things, we can ask God to forgive us. The Bible says, "You are kind and forgiving, O Lord."

• What did Jesus do to show love and forgiveness to Zacchaeus?

• When do you need Jesus to love and forgive you?

El amor de Jesús por Zaqueo Lucas 19:1–10

"Tu, Señor, eres bueno y perdonador". Salmo 86:5

Zaqueo quiere ver a Jesús

Zaqueo tenía UNA GRAN CANTIDAD de dinero. ¡Tenía muchísimo dinero, porque tomaba dinero que NO le pertenecía! Zaqueo había sido malo. No le caía bien a la gente, porque todo el tiempo había estado tomando un dinero que no era de él.

Un día, llegó Jesús a la ciudad donde vivía Zaqueo. La gente llenaba el camino, esperando para ver a Jesús. Yo también quiero ver a Jesús, decidió Zaqueo. Entonces fue de prisa al camino por donde iba caminando Jesús.

Zaqueo se sube a un árbol

Pero cuando Zaqueo llegó allí, NO podía ver a Jesús. Zaqueo no era muy alto. ¡Y era tanta la gente que quería ver a Jesús! Zaqueo no podía ver por encima de la gente, ni cuando se ponía sobre la punta de los pies.

Pero entonces se le ocurrió una idea. Corrió hasta un gran árbol. Fue subiendo, subiendo, y subiendo el árbol. ¡Ahora sí podía ver por encima de toda aquella gente!

Zaqueo podía ver a Jesús. Jesús se fue acercando y acercando... ¡hasta que llegó a estar debajo del árbol! Entonces se detuvo y alzó la vista hacia Zaqueo.

Jesús muestra su amor

"Baja de ahí, Zaqueo", le dijo Jesús. "Me quiero quedar hoy en tu casa". Zaqueo bajó, bajó y bajó de aquel árbol. ¡Estaba sorprendido de que Jesús hubiera hablado a él! Pero estaba muy contento de que Jesús fuera a su casa.

Zaqueo quiere hacer el bien

¡Jesús me ama!, debe de haber pensado Zaqueo. Pensó en las cosas tan malas que él había hecho. Pensó en todo el dinero que sin derecho había quitado a la gente. Se sintió arrepentido de haberles quitado todo ese dinero. Entonces dijo a Jesús que quería devolver el dinero que había tomado. ¡Y también le quería dar dinero a la gente pobre!

Zaqueo había aprendido a amar a Jesús. Jesús no estaba enojado con él, a pesar de las cosas malas que había hecho. Jesús fue bondadoso con Zaqueo. Nosotros sabemos que Jesús también nos ama. Él nos ayudará a ser bondadosos y a mostrar a otros su amor. ¡Qué feliz estoy por el amor de Jesús!

Conclusión

Jesús amó y perdonó a Zaqueo. Nosotros sabemos que Dios nos amará y también nos perdonará. Cuando hacemos algo malo, podemos pedir a Dios que nos perdone. La Biblia dice: "Tu, Señor, eres bueno y perdonador".

- **¿Qué hizo Jesús para mostrar a Zaqueo su amor y su perdón?**

- **¿Cuándo necesitas tú que Jesús te ame y te perdone?**

Bible Story Activity 42

Scene 1

Fold to inside.

fold

Fold to inside.

"You are kind and forgiving, O Lord." (See Psalm 86:5.)

Scene 3

· Child cuts as indicated and colors scenes.
· Child folds page so that tree pops up in Scene 2.
· Child turns pages to retell story.

Name _____

- **What did Jesus do to show love and forgiveness to Zacchaeus?**
- **When do you need Jesus to love and forgive you?**

Jesus Enters Jerusalem Matthew 21:1-11; Mark 11:1-10

"How good it is to sing praises to our God." Psalm 147:1

Helping Jesus With a Donkey

Jesus and His helpers were walking to Jerusalem. Jesus talked to two of His helpers. "Go into the little town ahead of you," He said. "You will find a donkey. Bring the donkey to Me."

Jesus' two helpers went to the town and found the donkey. The two helpers brought the donkey to Jesus. Jesus' friends put their coats on the donkey's back. Jesus sat on the donkey's back and rode to Jerusalem.

Praising Jesus Along the Road

Someone must have noticed Jesus and shouted, "Jesus is coming!" Then so many people crowded the road to see Jesus, it looked like a parade! They wanted Jesus to be their king.

Men came running to stand by the road. Women stopped what they were doing and ran to see Jesus, too. Children followed along with their parents to join the crowd.

Soon the people could see Jesus riding on the donkey. Some of the people laid palm branches on the road. Other people took off their coats and put them on the road, too. This showed that they welcomed Jesus as if He were a king.

Praising Jesus in Jerusalem

As Jesus rode to Jerusalem, more and more people came to see Him. Some people might have waved palm branches in the air. The people were treating Jesus just like a king.

"Hosanna!" the men and women shouted. ("Hosanna" is a word that was shouted to praise someone important.) "Hosanna!" the children shouted. The people along the road showed Jesus how glad they were to see Him!

Jesus rode the little donkey all the way into the city and up to the Temple. It was a wonderful, exciting day!

Conclusion

The people in Jerusalem were excited and glad to see Jesus. They praised and thanked God for Jesus. We can thank God for Jesus, too. The Bible says, "How good it is to sing praises to our God."

• What did the people do to show they were glad to see Jesus?

• What can you say or sing to thank God for Jesus?

Jesús entra a Jerusalén Mateo 21:1-11; Marcos 11:1-10

"¡Cuán bueno es cantar salmos a nuestro Dios!" Salmo 147:1

Ayudan a Jesús a encontrar un asno

Jesús y sus ayudantes iban de camino a Jerusalén. Entonces Jesús habló a dos de ellos. "Entren en aquel pueblito que tienen allí delante", les dijo. "Allí van a hallar un asno. Tráiganme ese asno".

Los dos ayudantes de Jesús entraron al pueblito y encontraron el asno. Entonces se lo llevaron a Jesús. Los amigos de Jesús pusieron sus abrigos sobre el lomo del asno. Jesús se sentó en el lomo del asno y siguieron hacia Jerusalén.

Alaban a Jesús a lo largo del camino

Alguien debe haber notado que era Jesús, y gritaría: "¡Jesús viene!" ¡Entonces se juntó tanta gente en el camino para ver a Jesús, que aquello parecía un desfile! Querían que Jesús fuera su rey.

Los hombres llegaban corriendo para ponerse al borde del camino. Las mujeres dejaban lo que estaban haciendo y corrían también para ver a Jesús. Los niños seguían a sus padres para unirse a la multitud.

Pronto la gente pudo ver a Jesús, que llegaba montado sobre un asno. Algunos pusieron ramas de palma en el camino. Otros se quitaron sus abrigos y los pusieron también en el camino. Esto mostraba que lo estaban recibiendo como si fuera un rey.

Alaban a Jesús en Jerusalén

Según Jesús se iba acercando a Jerusalén, cada vez eran más y más los que llegaban para verlo. Es posible que algunos agitaran ramas de palma en el aire. La gente estaba tratando a Jesús tal como se trataba a un rey.

"¡Hosanna!", gritaban los hombres y las mujeres. ("Hosanna" es una palabra que se gritaba para alabar a alguien importante). "¡Hosanna!", gritaban también los niños. ¡La gente que estaba junto al camino mostraba a Jesús lo mucho que se alegraba de verlo!

Jesús siguió montado en aquel pequeño asno hasta llegar a la ciudad y subir al Templo. ¡Fue un día maravilloso y emocionante!

Conclusión

La gente de Jerusalén estaba emocionada y feliz de ver a Jesús. Alababa a Dios y le daba gracias por Jesús. Nosotros también podemos dar gracias a Dios por Jesús. La Biblia dice: "¡Cuán bueno es cantar salmos a nuestro Dios!"

- **¿Qué hacía la gente para mostrar lo contenta que estaba de ver a Jesús?**

- **¿Qué puedes decir o cantar tú para dar gracias a Dios por Jesús?**

Name _____

"How good it is to sing praises to our God."

Psalm 147:1

- What did the people do to show they were glad to see Jesus?
- What can you say or sing to thank God for Jesus?

· Teacher cuts off, prefolds and opens Jesus and Child puppets.
· Child colors page.
· Teacher assists child in folding and taping edges of puppets.
· Child inserts fingers into puppets and moves puppets to act out story (see sketch on back of this page).

tape

tape

fold

tape

tape

fold

tape

tape

179

The Poor Woman's Gift Mark 12:41-44

"I love you, O Lord." Psalm 18:1

Lots of Gifts

One day, Jesus was in God's beautiful Temple—the place where people came to worship God and learn about His love. Jesus and His friends were walking to the place in the Temple where people dropped money into the offering boxes.

Clatter! Clink! Clank! The coins made such a loud noise as they fell into the boxes! The rich people had so much money that they were able to drop many coins into the offering boxes at the Temple. They may have hoped people would think they loved God a lot because they gave so much money. Jesus sat nearby. He watched the rich people.

The Smallest Gift

Soon the rich people finished giving their money. Then a poor woman walked quietly to a box. This woman did not have much money. She may not have had enough food. But she loved God very much. She dropped her two small coins quietly into the box. The coins hardly made any noise at all. The woman turned and walked away.

The Biggest Gift

Jesus said to His friends, "This poor woman gave more money than all the others."

Jesus' friends must have been surprised! What was Jesus talking about? The rich people had given much more money than the poor woman.

Jesus explained, "The rich people did put in more coins, but they only gave some of what they have. They still have plenty of money left over."

Jesus' friends thought about the woman's gift. Jesus told them that she really had given more than the rich people. She gave all the money she had because she loved God. We can show love to God, too.

Conclusion

This woman showed her love for God by putting all her money in the offering box. We can show love to God, too. We can pray, sing songs, listen to God's Word and obey God to show our love for God. The Bible says, "I love you, O Lord."

- What did the woman do to show her love for God?

- What can you do to show love for God?

La ofrenda de la viuda pobre Marcos 12:41–44

"¡Cuánto te amo, Señor!" Salmo 18:1

Muchas ofrendas

Un día, Jesús estaba en el hermoso Templo de Dios, el lugar donde iba la gente para adorar a Dios y aprender acerca de su amor. Jesús y sus amigos iban caminando hacia el lugar del Templo donde la gente iba echando el dinero en las cajas para las ofrendas.

¡Clan! ¡Clin! ¡Clan! ¡Qué ruido tan grande el que hacían aquellas monedas cuando caían en las cajas! Los ricos tenían tanto dinero, que podían echar muchas monedas en aquellas cajas del Templo donde se ponían las ofrendas. Tal vez lo hicieran con la esperanza de que la gente pensara que ellos amaban mucho a Dios, porque daban tanto dinero. Jesús se sentó cerca de allí, y se puso a observar a los ricos.

La más pequeña de las ofrendas

Poco después, la gente rica había acabado de echar su dinero. Entonces, se acercó calladamente una mujer pobre a una de las cajas. Aquella mujer no tenía mucho dinero. Tal vez ni si quiera hubiera tenido suficiente comida. Pero amaba mucho a Dios. Tomó sus dos moneditas y sin llamar la atención las echó en aquella caja. Las moneditas apenas hicieron ruido al caer. La mujer se volvió y se marchó de allí.

La mayor de las ofrendas

Jesús dijo a sus amigos: "Esa mujer pobre dio más dinero que todos los demás".

¡Los amigos de Jesús se deben de haber sorprendido! ¿De qué estaba hablando Jesús? Los ricos habían dado mucho más dinero que aquella mujer pobre.

Jesús se lo explicó: "Sí, es cierto que los ricos echaron más monedas, pero sólo dieron algo de lo que tienen. Todavía les queda una gran cantidad de dinero".

Los amigos de Jesús pensaron en la ofrenda de la mujer. Jesús les dijo que en realidad, ella había dado más que los ricos. Había dado todo el dinero que tenía, porque amaba a Dios. Nosotros también podemos mostrar a Dios que lo amamos.

Conclusión

Aquella mujer mostró que amaba a Dios, echando todo su dinero en la caja para las ofrendas. Nosotros también podemos mostrar que amamos a Dios. Podemos orar, cantar canciones, escuchar la Palabra de Dios, y obedecer a Dios para mostrar que lo amamos. Nuestra Biblia dice: "¡Cuánto te amo, Señor!"

- ¿Qué hizo aquella mujer para mostrar a Dios que lo amaba?

- ¿Qué puedes hacer tú para mostrar tu amor a Dios?

Name _____

"I love you,
O Lord."

Psalm 18:1

- Teacher cuts slits in rolled page (see sketch on back of this page).
- Child colors page and cuts off top.
- Child inserts strip through slits.
- Child slides strip to retell story action.

- **What did the woman do to show her love for God?**
- **What can you do to show love for God?**

The Empty Tomb Matthew 28:1-10; Luke 22:2; 23:33—24:9; John 19:38-42

"Jesus is risen from the dead." (See Matthew 28:7.)

Very, Very Good

When Jesus was here on Earth, Jesus did many wonderful things for people. He made sick people well. He taught people about God. Jesus loved people very much. And many people loved Him.

Very, Very Bad

But not everyone loved Jesus. Some people hated Jesus. They wanted to hurt Jesus. They didn't like it that many men and women wanted Jesus to be their leader! These angry people said, "If we let Jesus go on like this, everyone will believe in HIM, and we won't be in charge!" These people hated Jesus so much they killed Him.

Very, Very Sad

Jesus' friends were very sad when Jesus died. They didn't know God's plan for Jesus. The sad friends put Jesus' body in a tomb in a garden. The tomb was a little room cut out of the side of a hill. Jesus' friends rolled a big stone in front of the opening of the tomb.

On the first day of the week, some women who were Jesus' friends walked to the tomb. The women were still very sad. They thought Jesus' body was in the tomb. But when the women got to the tomb, God had a big surprise for them! The big stone in front of the tomb had been moved. Jesus' body was GONE.

Very, Very Happy

Suddenly, the women saw two angels. The angels wore shining white clothes. "Jesus is not dead anymore," the angels said. "He is alive again!" NOW Jesus' friends weren't sad anymore. The women were happy to hear this good news! The women ran to share the glad news with Jesus' other friends. "Jesus IS alive!" they said.

Conclusion

Jesus' friends were very glad to know that Jesus is alive. We're glad to know that Jesus is alive, too. We can thank God that Jesus is alive. The Bible says, "Jesus is risen from the dead."

• What did Jesus' friends do when they heard that Jesus was alive?

• Who can you tell that Jesus is alive?

La tumba vacía Mateo 28:1–10; Lucas 22:2; 23:33–24:9; Juan 19:38–42

"[Jesús] se ha levantado de entre los muertos". Mateo 28:7

Muy, muy bueno

Cuando Jesús estaba aquí en la tierra, hizo muchas cosas maravillosas a favor de la gente. Sanó a los enfermos. Enseñó a la gente acerca de Dios. Jesús amaba mucho a la gente. Y mucha gente lo amaba a Él.

Muy, muy malo

Pero no todos amaban a Jesús. Había alguna gente que lo odiaba. Querían hacerle daño. ¡No les gustaba que hubiera tantos hombres y mujeres que quisieran que Jesús fuera su líder! Aquella gente se sentía muy enojada y decía: "¡Si dejamos que Jesús siga así, todo el mundo creerá en ÉL, y nosotros no vamos a poder seguir mandando!" Aquellas personas odiaban tanto a Jesús, que lo mataron.

Muy, muy tristes

Los amigos de Jesús estaban muy tristes cuando Jesús murió. Ellos no sabían el plan que tenía Dios para Jesús. Muy tristes, aquellos amigos pusieron el cuerpo de Jesús en una tumba que había en un huerto. La tumba era un pequeño cuarto cavado en el costado de una colina. Después, los amigos de Jesús llevaron rodando una gran piedra hasta ponerla frente a la entrada de la tumba.

En el primer día de la semana, algunas mujeres que eran amigas de Jesús, se acercaron a la tumba. Esas mujeres se seguían sintiendo muy tristes. Pensaban que el cuerpo de Jesús estaba en el sepulcro. ¡Pero cuando llegaron a la tumba, Dios les tenía preparada una gran sorpresa! Alguien había movido la gran piedra que tapaba la entrada de la tumba. El cuerpo de Jesús había DESAPARECIDO.

Muy, muy felices

De repente, las mujeres vieron dos ángeles. Aquellos ángeles llevaban una ropa blanca. "Jesús ya no está muerto", les dijeron los ángeles. "¡Él vive!" AHORA sí que aquellas amigas de Jesús ya no se sentían tristes. ¡Aquellas mujeres estaban felices con la buena noticia que habían oído! Entonces salieron corriendo para compartir con los demás amigos de Jesús aquella noticia tan maravillosa. "¡Jesús VIVE!", les decían.

Conclusión

Los amigos de Jesús se sintieron muy felices al saber que Jesús vive. Nosotros también nos sentimos felices de saber que Él vive. Podemos dar gracias a Dios porque Jesús vive. La Biblia dice: "[Jesús] se ha levantado de entre los muertos".

• ¿Qué hicieron los amigos de Jesús cuando oyeron la noticia de que Jesús vivía?

• ¿A quién puedes decir tú que Jesús vive?

"Jesus is risen from the dead."

(See Matthew 28:7.)

- What did Jesus' friends do when they heard that Jesus was alive?
- Who can you tell that Jesus is alive?

• Teacher prefolds and opens page.
• Child colors page.
• Child folds and opens page to review story action.

- - - - - - - - - - - - - - - - - - - fold -

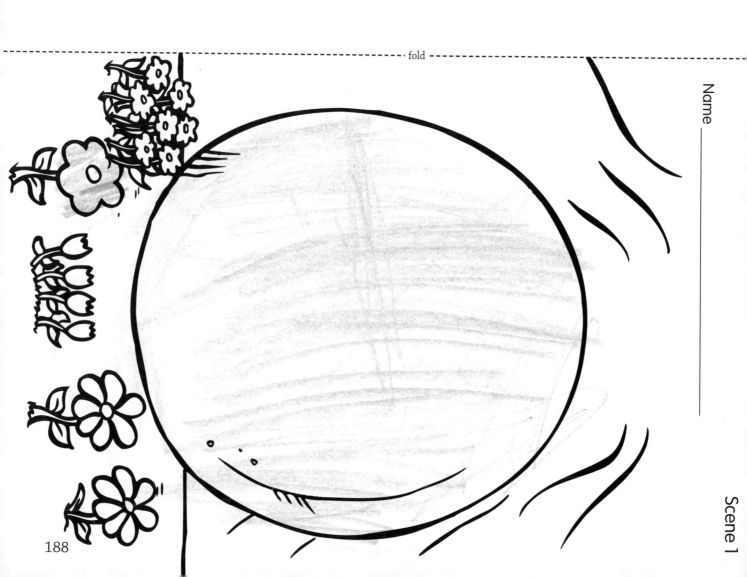

Name _____

Scene 1

The Road to Emmaus Luke 24:13-35

"Thanks be to God for Jesus." (See 2 Corinthians 9:15.)

Leaving Jerusalem

Two of Jesus' friends were very sad. They were sad because Jesus had died. The two friends slowly walked down a road. They were walking from the big city of Jerusalem to the little town of Emmaus (eh-MAY-uhs). As they walked, they talked about Jesus. They talked about the sad day when Jesus died. They wondered about the stories they had heard that Jesus was alive again. How could Jesus be alive? They did not know what to think!

As the two walked along, a man came up and walked with them. The man asked them, "What are you talking about?"

"Don't you know what has happened?" one friend asked. "We thought Jesus was our king. But some people who hated Jesus killed Him. Jesus is dead." The friends were sad.

Coming to Emmaus

The man continued to walk and talk with them. When they came to the town of Emmaus, it was time to eat. The two friends said to the man, "Stay and eat with us." The man did stay with them. When the dinner was ready, the man picked up some bread and prayed. Then He took pieces of the bread and handed them to the two friends. Right then the two friends knew the man was Jesus! They were so excited! Jesus is alive! But suddenly, Jesus was gone.

Returning to Jerusalem

The two friends left their dinner. They hurried back to Jerusalem, even though it was dark. They found other friends of Jesus. The two friends told the others, "Jesus is alive!" Everyone who heard this good news was very happy.

Conclusion

Jesus' friends were excited and thankful when they saw that Jesus was with them. We can be thankful that Jesus is with us at all the places we go. The Bible says, "Thanks be to God for Jesus."

- When did Jesus' friends learn He was with them?

- What can you do to thank Jesus that He is with you?

El camino a Emaús Lucas 24:13–35

"Demos gracias a Dios por Jesús". (Paráfrasis, lee 2 Corintios 9:15)

Se van de Jerusalén

Dos de los amigos de Jesús se sentían muy tristes. Estaban tristes porque Jesús había muerto. Los dos amigos iban andando lentamente por un camino. Iban a pie desde la gran ciudad de Jerusalén hasta el pequeño pueblo llamado Emaús. Mientras caminaban, iban hablando acerca de Jesús. Hablaban del triste día en el que Jesús había muerto. Se preguntaban qué serían esas historias que habían oído de que Jesús vivía otra vez. ¿Cómo era posible que Jesús viviera aun? ¡Ya no sabían qué pensar!

Mientras ellos iban caminando, se les acercó un hombre y comenzó a caminar con ellos. El hombre les preguntó: "¿De qué están hablando?"

"¿Acaso no sabes lo que sucedió?", le preguntó uno de los amigos. "Nosotros pensábamos que Jesús era nuestro rey. Pero una gente que odiaba a Jesús, lo mató. Jesús está muerto". Los amigos se sentían tristes.

Llegan a Emaús

Aquel hombre siguió caminando y conversando con ellos. Cuando llegaron al pueblo de Emaús, era la hora de cenar. Los dos amigos dijeron al hombre: "Quédate a comer con nosotros". Y el hombre se quedó con ellos. Cuando estuvo lista la cena, el hombre tomó el pan y oró. Después tomó pedazos de aquel pan y se los dio a los dos amigos. ¡En ese mismo instante, los amigos reconocieron que aquel hombre era Jesús! ¡Qué emocionados estaban! ¡Jesús vive! Pero de repente, Jesús había desaparecido.

La vuelta a Jerusalén

Los dos amigos dejaron su cena. Volvieron a Jerusalén a toda prisa, aunque ya era de noche. Allí hallaron a otros amigos de Jesús. Los dos amigos dijeron a los demás: "¡Jesús vive!" Todos los que oyeron aquella buena noticia se sintieron muy felices.

Conclusión

Los amigos de Jesús se sintieron emocionados y agradecidos cuando vieron que Jesús estaba con ellos. Nosotros también podemos sentir agradecidos de que Jesús esté siempre con nosotros en todos los lugares donde vayamos. La Biblia dice: "Demos gracias a Dios por Jesús".

- **¿Cuándo reconocieron los amigos de Jesús que Él estaba con ellos?**

- **¿Qué puedes hacer tú para dar gracias a Jesús por estar contigo?**

Scene 1

Name _____

- Teacher cuts off Jesus figure and attaches to page with 2-inch (5-cm) length of string at X.
- Child colors page.
- Child moves Jesus figure to show story action.

- **When did Jesus' friends learn He was with them?**
- **What can you do to thank Jesus that He is with you?**

Thanks be to God for Jesus. (See 2 Corinthians 9:15.)

Scene 2

X

X

Jesus Is Alive Matthew 28:16-20; Luke 24:36-53; Acts 1:1-9

"Jesus said, 'I am alive for ever and ever!'" (See Revelation 1:18.)

Excited and Happy

"It's true! It's really true!" Jesus' friends said to each other. "We saw Jesus. He is not dead anymore! He is ALIVE!" These friends were VERY excited and VERY happy!

Suddenly, while they were talking, Jesus was in the room with them—just like that! His friends were SO surprised that they did not know what to say!

"Don't be afraid," said Jesus. "It's Me." His friends must have smiled. They weren't frightened anymore. Jesus was with them again!

Walking and Talking

Jesus was with His friends for many more days. He taught His friends things God wanted them to know. Jesus' friends were SO happy that Jesus was with them again. They knew Jesus loved and cared for them.

But soon it was time for Jesus to go back to heaven. One day, Jesus and His friends walked out into the country. He said to them, "I want you to go and tell everyone about Me. And remember: I will be with you always!" Jesus wanted His friends to know that He would always care for them, even if they couldn't see Him.

Higher and Higher

Then Jesus began to go up, up, up from the ground. His friends watched Jesus rise up into the sky! Soon a cloud covered Jesus and His friends couldn't see Him anymore. But Jesus' friends weren't sad. They were happy because they knew Jesus was alive, even though they couldn't SEE Him. And they knew Jesus had promised to always care for them.

The friends walked back to Jerusalem. They went into the Temple. They sang praises to God! They prayed and talked about God! They worshiped God and were happy because they knew Jesus was alive. They knew He would care for them! We're glad to know that Jesus is with us and cares for us, too. We can praise God for this good news.

Conclusion

Jesus' friends were glad that Jesus is alive and that He would always be with them. We're glad to know the good news that Jesus is alive, too. We can thank God for this good news. The Bible tells us, "Jesus said, 'I am alive for ever and ever!'"

• What did Jesus promise before He went to heaven?

• What is the good news about Jesus you can thank God for?

Jesús vive Mateo 28:16–20; Lucas 24:36–53; Hechos 1:1–9

"Jesús dijo: '¡Yo vivo para siempre!'". (Paráfrasis, lee Apocalipsis 1:18)

Emocionados y felices

"¡Es cierto! ¡De verdad que es cierto!", se decían unos a otros los amigos de Jesús. "Nosotros vimos a Jesús. ¡Ya no está muerto! ¡Él VIVE!" ¡Aquellos amigos estaban MUY emocionados y MUY felices!

De repente, mientras ellos estaban hablando, Jesús apareció dentro del cuarto con ellos, ¡sin más! ¡Sus amigos se sorprendieron TANTO, que no sabían qué decir!

"No tengan miedo", les dijo Jesús. "Soy yo". Sus amigos deben de haber sonreído. Ya no estaban asustados. ¡Jesús estaba con ellos otra vez!

Caminando y hablando

Jesús estuvo con sus amigos muchos días más. Les enseñó las cosas que Dios quería que supieran. ¡Qué contentos estaban los amigos de Jesús de que Él estuviera con ellos otra vez! Sabían que Jesús los amaba y cuidaba de ellos.

Pero pronto llegó la hora de que Jesús volviera al cielo. Un día, Jesús y sus amigos salieron al campo. Entonces Él les dijo: "Quiero que vayan a hablar de mí a todo el mundo. Y recuerden: ¡Yo voy a estar siempre con ustedes!" Jesús quería que sus amigos supieran que Él siempre cuidaría de ellos, aunque no lo pudieran ver.

Cada vez más alto

Entonces Jesús comenzó a subir, subir, y subir desde el suelo. ¡Sus amigos vieron cómo se iba levantando hacia el cielo! Pronto, una nube cubrió a Jesús, y sus amigos ya no lo pudieron ver más. Pero los amigos de Jesús no estaban tristes. Estaban felices, porque sabían que Él estaba vivo, aunque ellos no lo pudieran VER. Y sabían que había prometido que siempre cuidaría de ellos.

Los amigos regresaron a Jerusalén. Entraron al lugar del Templo. ¡Cantaron alabanzas a Dios! ¡Oraron y hablaron acerca de Dios! ¡Adoraron a Dios y se sintieron felices, porque sabían que Jesús vivía! ¡Sabían que Él cuidaría de ellos! Nosotros también estamos contentos de saber que Jesús está con nosotros y cuida de nosotros. Podemos alabar a Dios por esta buena noticia.

Conclusión

Los amigos de Jesús estaban contentos porque Jesús vivía, y porque siempre estaría con ellos. Nosotros también estamos contentos de saber la buena noticia de que Él vive. Podemos dar gracias a Dios por esta buena noticia. Nuestra Biblia nos dice: "Jesús dijo: '¡Yo vivo para siempre!'".

- **¿Qué prometió Jesús antes de irse al cielo?**

- **¿Cuál es la buena noticia acerca de Jesús por la que puedes dar gracias a Dios?**

X

Name _____

"Jesus said, 'I am alive for ever and ever!'"

(See Revelation 1:18.)

X " "

- What did Jesus promise before He went to heaven?
- What is the good news about Jesus you can thank God for?

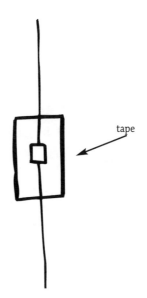

tape

- Child colors page, cuts off Jesus and cloud figures and punches holes at X's.
- Child tapes Jesus figure to middle of 20-inch (51-cm) string and then inserts one end of string in top hole and the other end in bottom hole. Tie ends of string together.
- Child tapes cloud figure to top of page (see sketch on this page).
- Child pulls Jesus figure up and folds down cloud figure to retell Bible story.

Tape here.

Paul Tells About Jesus Acts 16:9-15

"Jesus said, 'Go and tell the good news.'" (See Mark 16:15.)

Paul Talks About Jesus

Paul was a man who loved God very much. Paul wanted everyone to know about Jesus, God's Son. Up and down the dusty roads Paul walked. He stopped in towns and told the good news: "Jesus loves you, and Jesus is God's Son."

One night, Paul had a dream. In the dream, a man asked him to please come to his country. After Paul woke up, he and his friends got into a boat. They sailed to a big town in that country.

Paul Goes to Philippi

The big town was called Philippi. Paul and his friends walked by a river in Philippi. They found a group of women. The women had come together to pray. These women loved God. They wanted to hear all about Jesus and His love. Paul told them about Jesus. Paul's words were good news!

Paul Meets Lydia

Many women listened to Paul's words. One woman named Lydia believed what Paul said about Jesus. Lydia was baptized to show that she believed in Jesus. Everyone in her house was baptized, too. They all showed they believed in Jesus.

Lydia sold purple cloth. She probably sold the cloth to rich people. She probably had a big house.

Lydia was part of God's family. She wanted to share! Lydia asked Paul and his friends to stay at her house. She wanted to help them. Paul and his friends stayed at Lydia's house. Paul and his friends had come a long, long way to tell people in Philippi about Jesus!

Conclusion

Paul told Lydia the good news about Jesus. It's good news to know that Jesus is alive and that He loves us. We can tell people about Jesus, too. The Bible tells us, "Jesus said, 'Go and tell the good news.'"

- What did Paul tell Lydia about Jesus?

- What good news can you tell others about Jesus?

Pablo habla de Jesús Hechos 16:9–15

"[Jesús] les dijo: 'Vayan...y anuncien las buenas nuevas". Marcos 16:15

Pablo habla de Jesús

Pablo era un hombre que amaba muchísimo a Dios. Él quería que todo el mundo conociera a Jesús, el Hijo de Dios. Por eso recorría de una parte a otra los polvorientos caminos. Se detenía en las ciudades, y les daba la buena noticia: "Jesús los ama, y Jesús es el Hijo de Dios".

Una noche, Pablo tuvo un sueño. En el sueño un hombre le rogó que fuera a su país. Después de despertarse, abordó un barco con sus amigos. Entonces fueron por mar hasta una gran ciudad de ese país.

Pablo va a Filipos

Esa gran ciudad se llamaba Filipos. Pablo y sus amigos se fueron a caminar junto a un río de Filipos. Allí encontraron a un grupo de mujeres. Aquellas mujeres se habían reunido para orar. Amaban a Dios. Querían oír todo lo que Él les dijera acerca de Jesús y de su amor. Pablo les habló de Jesús. ¡Sus palabras fueron para ellas una buena noticia!

Pablo conoce a Lidia

Fueron muchas las mujeres que oyeron las palabras de Pablo. Entre ellas había una llamada Lidia, que creyó lo que dijo Pablo acerca de Jesús. Lidia fue bautizada, para mostrar que había creído en Jesús. Con ella se bautizaron todas las personas de su casa también. Todos mostraron que creían en Jesús.

Lidia era vendedora de telas de púrpura. Es probable que le vendiera aquellas telas a la gente rica. Tal vez tuviera una casa grande.

Lidia formaba ya parte de la familia de Dios. ¡Quería compartir lo que tenía! Por eso les pidió a Pablo y a sus amigos que se quedaran en su casa. Los quería ayudar. Pablo y sus amigos se quedaron en la casa de Lidia. ¡Habían llegado desde muy, muy lejos, para hablar de Jesús a los que vivían en Filipos!

Conclusión

Pablo le dio a Lidia la buena noticia acerca de Jesús. Es una buena noticia el que sepamos que Jesús vive, y que nos ama. Nosotros también podemos hablar de Jesús a la gente. La Biblia nos dice: "[Jesús] les dijo: 'Vayan...y anuncien las buenas nuevas".

• ¿Qué le dijo Pablo a Lidia acerca de Jesús?

• ¿Qué buena noticia les puedes dar tú a los demás acerca de Jesús?

"Jesus said, 'Go and tell the good news.'"

(See Mark 16:15.)

Bible Story Activity 48

Name _____

- **What did Paul tell Lydia about Jesus?**
- **What good news can you tell others about Jesus?**

fold

Teacher cuts, prefolds and opens puppets.
Child colors puppets.
Teacher helps child tape puppets.
Child puts puppets on hands (see sketch on back of this page) and uses puppets to review story.

Name _____

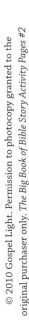

tape

tape

fold

Singing in Jail Acts 16:16-34

"Sing to God; tell of all his wonderful acts." (See Psalm 105:2.)

Angry Men

Paul and his friends traveled to different places to tell people about Jesus. One day Paul and his friend Silas went to the city of Philippi. They told people about Jesus. But some of the people in Philippi did not like hearing about Jesus. These men were angry!

The angry men took Paul and Silas to the leaders. The men told lies about Paul and Silas. Even though Paul and Silas had done nothing wrong, they were put in jail! The jailer put their feet in pieces of wood called stocks. Paul and Silas could hardly even move!

Thankful Men

Paul and Silas probably hurt all over! But they didn't get mad at the jailer or the angry people. They knew Jesus loved them. So they prayed! They thanked God. Then Paul and Silas sang! All the other people in jail could hear them!

A Scared Man

Suddenly the ground began to shake—harder and harder. It was an EARTHQUAKE! The doors to the jail broke open and everyone was free! The jailer was afraid all the prisoners would run away. He was sure that he would be in big trouble.

A Happy Man

But Paul called out, "Don't worry! We are all here!" The jailer ran to Paul and Silas. He asked, "What must I do to be saved?" The jailer wanted to know how he could be part of God's family.

Paul and Silas said, "Believe in Jesus!" The jailer and his whole family listened to the good news about Jesus. They believed in Jesus! The family took care of Paul and Silas. They made a big meal together!

In the morning, the leaders told Paul and Silas they were free to leave. Paul and Silas started walking to a new town. It was time to tell other people about Jesus! Paul and Silas told about Jesus by talking. They told about Jesus by praying. They told about Jesus by singing! Many people heard God's good news about Jesus.

Paul and Silas sang and prayed to God. We can sing and pray, too. We can sing songs that tell about Jesus.

Conclusion

Paul and Silas sang songs about the wonderful things God has made and done. It's wonderful that God sent Jesus. We can sing songs about Jesus. The Bible says, "Sing to God; tell of all his wonderful acts."

- What did Paul and Silas tell the jailer and his family?
- Who can you talk to about Jesus?

The Big Book of Bible Story Activity Pages #2

Cantos en la cárcel Hechos 16:16–34

"Cántenle [a Dios], hablen de todas sus maravillas". Salmo 105:2

Unos hombres furiosos

Pablo y sus amigos viajaron a diferentes lugares para hablar de Jesús a la gente. Un día, Pablo y su amigo Silas entraron en la ciudad de Filipos. Allí hablaron de Jesús a la gente. Pero había algunos de los habitantes de Filipos que no les gustaba que les hablaran de Jesús. ¡Aquellos hombres se pusieron furiosos! Los hombres enfurecidos llevaron a Pablo y a Silas hasta donde estaban los líderes. Dijeron mentiras acerca de ellos. ¡Aunque Pablo y Silas no habían hecho nada malo, los metieron en la cárcel! El carcelero les metió los pies en un aparato de madera que se llama "cepo" ¡Pablo y Silas apenas se podían mover!

Unos hombres agradecidos

¡Es probable que Pablo y Silas tuvieran dolores por todo el cuerpo! Pero no se enojaron con el carcelero, ni con aquella gente furiosa. Sabían que Jesús los amaba. ¡Así que oraron! Le dieron gracias a Dios. ¡Entonces, cantaron! ¡Todos los demás que estaban en la cárcel los podían oír!

Un hombre asustado

De repente, el suelo comenzó a temblar, cada vez más fuerte. ¡Era un TERREMOTO! ¡Las puertas de la cárcel se abrieron y todo el mundo quedó libre! El carcelero tuvo miedo de que todos los prisioneros se escaparan. Estaba seguro de que aquello lo metería en un gran problema.

Un hombre feliz

Pero Pablo lo llamó, y le dijo: "¡No te preocupes! ¡Aquí estamos todos!" El carcelero corrió hasta donde estaban Pablo y Silas. Entonces les preguntó: "¿Qué debo hacer para ser salvo?" El carcelero quería saber cómo podía él entrar a ser parte de la familia de Dios.

Pablo y Silas le dijeron: "¡Cree en Jesús!" El carcelero y toda su familia oyeron la buena noticia acerca de Jesús. ¡Y creyeron en Él! La familia cuidó de Pablo y de Silas. ¡Celebraron juntos una gran cena!

Por la mañana, los líderes dijeron a Pablo y a Silas que estaban libres y se podían ir. Pablo y Silas comenzaron a caminar hacia una nueva población. ¡Era hora de hablar de Jesús a otras personas! Ellos enseñaban de Jesús cuando hablaban. Hablaban de Jesús cuando oraban. ¡Hablaban de Jesús cuando cantaban! Muchas personas oyeron la buena noticia de Dios acerca de Jesús.

Conclusión

Es maravilloso que enviara a Jesús. Nosotros podemos cantar cantos acerca de Jesús. La Biblia dice: "Cántenle [a Dios], hablen de todas sus maravillas".

- **¿Qué les dijeron Pablo y Silas al carcelero y a su familia?**

- **¿Con quién puedes hablar tú acerca de Jesús?**

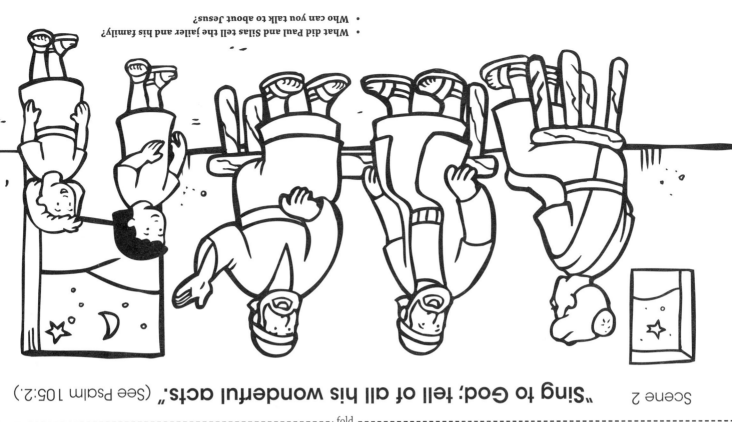

Scene 2   "Sing to God; tell of all his wonderful acts." (See Psalm 105:2.)

------- fold -------

**Bible Story
Activity 49**

Scene 1

ame _____

Teacher cuts off Jailer figure and prefolds and opens figure and page.

- Child colors page.
- Child folds Jailer figure and page and moves figure to review story.

fold

Paul Obeys God Acts 21:17—22

"I will obey God's word." (See Psalm 119:17.)

Paul Goes to the Temple

Everywhere Paul went he told people about Jesus. One day Paul went to the Temple. Some people who did not love Jesus saw Paul there. They weren't glad that Paul was praying. They were angry that he was in the Temple. They didn't like that Paul said Jesus is God's Son. "Look!" they shouted. "This man does not obey God's rules!"

The angry people grabbed Paul and dragged him out of the Temple. Some soldiers heard the noise and ran to see what was happening.

Paul Is Chained

The leader of the soldiers thought Paul had done something wrong. He put chains on Paul's hands and feet. "Who is this man? What did he do?" the leader asked.

Everyone started shouting at the same time. The army leader couldn't understand what the people were saying. The army leader told the soldiers to take Paul away from the crowd.

Paul Tells Angry Men About Jesus

The angry noisy crowd followed Paul and the soldiers. Paul asked, "May I talk to the people?" The leader told Paul he could talk to them.

The crowd became quiet. Paul said, "I used to hurt people who loved Jesus. But now I don't. God has told me to tell all people the good news that Jesus is God's Son. And I am obeying God."

Conclusion

Paul obeyed God by telling about Jesus, even when people were angry at him. We can obey God and tell people about Jesus, too. The Bible says, "I will obey God's word."

- **What did Paul do to obey God?**

- **What can you do to obey God's Word and tell others about Jesus?**

The Big Book of Bible Story Activity Pages #2

Pablo obedece a Dios Hechos 21:17–22

"Obedeceré tu palabra". Salmo 119:17

Pablo va al Templo

Dondequiera que Pablo iba, hablaba de Jesús a la gente. Un día, Pablo fue al Templo. Alguna gente que no amaba a Jesús lo vio allí. No les gustaba que Pablo estuviera allí orando. Estaban enojados porque él estaba en el Templo. No les gustaba que Pablo dijera que Jesús es el Hijo de Dios. "¡Miren!", gritaron. "¡Este hombre no obedece las reglas de Dios!"

Aquella gente furiosa apresó a Pablo y lo sacó a rastras del Templo. Unos soldados oyeron el ruido y corrieron para ver qué estaba pasando.

Pablo encadenado

El líder de los soldados pensó que Pablo había hecho algo malo. Le puso cadenas en las manos y los pies. "¿Quién es este hombre? ¿Qué hizo?", preguntó el líder.

Todo el mundo comenzó a gritar al mismo tiempo. El líder de los soldados no pudo entender lo que la gente estaba diciendo. Entonces les dijo a los soldados que alejaran a Pablo de la multitud.

Pablo habla de Jesús a unos hombres furiosos

Aquella multitud ruidosa y llena de ira siguió a Pablo y a los soldados. Pablo preguntó: "¿Me permiten que hable a la gente?" El líder le dijo a Pablo que podía hablar.

La multitud se calló. Entonces Pablo dijo: "Yo solía hacer daño a la gente que amaba a Jesús. Pero ahora no. Dios me dijo que les diera a todas las personas la buena noticia de que Jesús es su Hijo. Y yo estoy obedeciendo a Dios".

Conclusión

Pablo obedeció a Dios, hablando de Jesús hasta cuando la gente estaba furiosa con él. Nosotros también podemos obedecer a Dios y hablar de Jesús a la gente. La Biblia dice: "Obedeceré tu palabra".

- **¿Qué hizo Pablo para obedecer a Dios?**

- **¿Qué puedes hacer tú para obedecer la Palabra de Dios y hablar de Jesús a otras personas?**

"I will obey God's word."

(See Psalm 119:17.)

Scene 4

- **What did Paul do to obey God?**
- **What can you do to obey God's Word and tell others about Jesus?**

-- fold back --

Name _____

- Child colors page.
- Child folds page.
- Child shows scenes to retell story action.

Scene 1

Scene 3

Scene 2

A Boy Helps Paul Acts 23:12-35

"Do good to all people." Galatians 6:10

Angry Men

Everywhere Paul went, he told people about Jesus. But some people did not love Jesus. They did not like Paul talking about Jesus. They became very angry. And even though Paul hadn't done anything wrong, they had Paul put in jail!

Forty of these people made a plan. They were going to kill Paul! They had a plan to have Paul come out of the jail. Then these 40 men were going to kill him!

Helpful Nephew

But God had a plan, too! A young man heard about the plan to kill Paul. Paul was his uncle. He went straight to his uncle Paul! He told Paul what he had heard.

Paul told a guard, "Take this young man to the commander. He has something to tell him."

The young man went to the commander and told him everything. The young man said, "Forty men plan to kill Paul!"

The commander said, "Don't tell anyone what you told me." Then the commander called for many soldiers. He called for men on horses and for men with spears.

Nighttime Escape

During the night, the commander's helpers and all those many, many men and their horses started walking and riding out of the city. They left during the night! And Paul was somewhere in the middle of all those soldiers! The 40 men waiting to hurt Paul never saw him leave. Paul had escaped!

The next day Paul came to the governor's palace. The governor gave Paul a room to stay in. Now Paul was safe! Now there were more people for Paul to tell about Jesus!

The young man helped Paul so that Paul would be safe. We can help others and do good things for them, too.

Conclusion

Paul's nephew helped Paul so that Paul would be safe. We can help others and do good things for them, too. The Bible says, "Do good to all people."

• What did Paul's nephew do to help and do good things for Paul?

• What are some ways you can help and do good things for others?

The Big Book of Bible Story Activity Pages #2

Un muchacho ayuda a Pablo Hechos 23:12–35

"Hagamos bien a todos". Gálatas 6:10

Unos hombres furiosos

Dondequiera que Pablo iba, hablaba de Jesús a la gente. Pero había alguna gente que no amaba a Jesús. No les gustó que Pablo hablara de Él. Se pusieron furiosos. ¡Y, aunque Pablo no había hecho nada malo, hicieron que lo metieran en la cárcel!

Cuarenta de aquellos hombres tramaron un plan. ¡Iban a matar a Pablo! Tenían el plan de hacer que Pablo saliera de la cárcel. Entonces, ¡aquellos cuarenta hombres lo iban a matar!

La ayuda de un sobrino

¡Pero Dios también tenía su plan! Un jovencito oyó hablar del plan que tenían para matar a Pablo. Pero Pablo era tío suyo. ¡Entonces se fue en seguida a hablar con su tío Pablo, y le dijo lo que había oído!

Pablo dijo a uno de los guardias: "Lleva a este jovencito al comandante. Él sabe algo que necesita decirle".

El jovencito se fue al comandante y se lo dijo todo. Le dijo: "¡Hay cuarenta hombres que tienen el plan para matar a Pablo!"

El comandante le respondió: "No le digas a nadie lo que me acabas de decir". Entonces llamó a un gran número de soldados. Pidió hombres de caballería y hombres con lanzas.

La huída en medio de la noche

Durante la noche, los ayudantes del comandante, y todos esos hombres caballería, comenzaron a caminar y a cabalgar para salir de la ciudad. ¡Se fueron durante la noche! ¡Y Pablo estaba en algún lugar, en medio de todos aquellos soldados! Los cuarenta hombres que estaban esperando para hacerle daño a Pablo, nunca lo vieron salir. ¡Pablo había escapado!

Al día siguiente, Pablo llegó al palacio del gobernador. El gobernador le dio un cuarto para que se quedara en él. ¡Ahora Pablo estaba a salvo! ¡Y también había más personas para que él les hablara de Jesús!

El jovencito ayudó a salvar a Pablo. Nosotros también podemos ayudar a otros y hacer cosas buenas por ellos.

Conclusión

El sobrino de Pablo lo ayudó para que lo pusieran a salvo. Nosotros también podemos ayudar a otros y hacer cosas buenas por ellos. La Biblia dice: "Hagamos bien a todos".

• **¿Qué hizo el sobrino de Pablo para ayudarlo y hacer algo bueno por él?**

• **¿De qué formas puedes tú ayudar a los demás, y hacer cosas buenas por ellos?**

le Story Activity 51

Name _____

Scene 1

fold

Scene 3

fold

- Child colors page.
- Child cuts and folds flaps.
- Child opens flaps to retell story action.

"Do good to all people." Galatians 6:10

Scene

- What did Paul's nephew do to help and do good things for Paul?
- What are some ways you can help and do good things for others?

Scene

Safe in a Shipwreck Acts 27

"A friend loves at all times." Proverbs 17:17

Little Waves

Paul and many other people climbed onto the big boat. They were going on a long trip across a big sea of water.

While they were on the boat, the wind began to blow. It blew the boat out on the sea. The boat sailed with the wind for many days and nights.

Great Big Waves

Then the wind began to blow harder and harder. The waves splashed higher and higher. The waves rocked the boat up and down and from side to side. Splash! Splash! The waves splashed high in the air and into the boat. The waves almost knocked the boat over! Big dark clouds covered the sky. Rain came pouring down. It was very dark. No one could see the stars at night or the sun during the day. Everyone on the boat was afraid. They thought they were going to drown!

Paul cared for the people on the boat. He told them good news. "Don't be afraid," Paul said. "No one will be hurt." The people wondered why Paul said this.

"God sent an angel to tell me God will take care of all of us. He will keep us all alive. I know that God will do what He says He is going to do." Paul trusted God. He knew that God would take care of them.

A Broken Boat

Early one morning, the people saw land! They tried to sail to the shore. But the big strong waves pushed the boat into some sand just under the water. Crash! The boat began to break apart. All the people jumped into the water. Some people started swimming. Other people grabbed pieces of the broken boat to float on as they swam. They found their way to the land. Every person was safe! No one had been hurt.

The people who had been on the boat were glad Paul was a good friend and reminded them of God's love. And everyone was thankful God had kept them safe.

Conclusion

During the big storm, Paul showed God's love to everyone on the ship. We can ask God to help us show His love to our friends. The Bible says, "A friend loves at all times."

- What did Paul tell the people on the boat? Paul showed God's love to them.

- Who can you show God's love to?

A salvo después de un naufragio Hechos 27

"En todo tiempo ama el amigo". Proverbios 17:17

Unas pequeñas olas

Pablo subió junto con muchas otras personas a aquel gran barco. Iban a comenzar un largo viaje a través de un gran mar. Mientras ellos estaban en el barco, el viento comenzó a soplar. Soplaba sobre el barco en medio del mar. Durante muchos días y muchas noches, el barco fue navegando en dirección al viento.

Unas olas muy grandes

Entonces, el viento comenzó a soplar más fuerte cada vez. Las olas iban golpeando el barco cada vez más arriba. Mecían el barco hacia arriba, hacia abajo, y de un lado para el otro. ¡Plas! ¡Plas! Las olas se elevaban en el aire y caían dentro del barco. ¡Les faltaba poco para hundir el barco! El cielo estaba cubierto por unas inmensas nubes negras. La lluvia caía con mucha fuerza. Había mucha oscuridad. Nadie podía ver las estrellas por la noche, ni el sol durante el día. Todos los que estaban en el barco estaban aterrorizados. ¡Pensaban que iban a ahogar!

A Pablo le preocupaba la gente que iba con él en el barco. Les dio una buena noticia: "No tengan miedo", les dijo. "Ninguno de nosotros se perderá". Aquella gente se preguntó por qué Pablo les estaba diciendo eso. "Dios me envió un ángel para decirme que Él cuidará de todos nosotros. Él es quien nos mantendrá a todos con vida. Yo sé que Dios hará lo que Él dice que hará". Pablo confiaba en Dios. Él sabía que Dios cuidaría de ellos.

El barco se destroza

¡Una mañana temprano, la gente vio tierra! Trataron de dirigir el barco hacia la orilla. Pero las grandes olas empujaron con fuerza la nave hasta encallarla en algún banco de arena debajo del agua. ¡Crac! El barco se comenzó a deshacer. Toda la gente saltó al agua. Algunos comenzaron a nadar. Otros se agarraron a los pedazos del barco destrozado para flotar mientras nadaban. Así se abrieron paso hasta llegar a tierra. ¡Todas las personas estaban a salvo! Nadie había salido herido.

Las personas que habían estado en el barco estaban contentas de que Pablo fuera un buen amigo y les hubiera recordado el amor de Dios. Y todos estaban agradecidos de que Dios los hubiera puesto a salvo.

Conclusión

Pablo mostró el amor de Dios a todos los que estaban en el barco. Nosotros también podemos pedir a Dios que nos ayude a mostrar su amor a nuestros amigos. La Biblia dice: "En todo tiempo ama el amigo".

- ¿Qué le dijo Pablo a la gente que iba en el barco?

- ¿A quién le puedes mostrar tú que Dios lo ama?

"A friend loves at all times."

Proverbs 17:17

Name

· What did Paul tell the people on the boat? Paul showed God's love to them.
· Who can you show God's love to?

· Teacher cuts slit in page (see sketch on back of this page) and cuts off Paul figure.
· Child colors page.
· Child moves Paul figure from boat to beach to review story action.

Curriculum Guide

If you are using Gospel Light's *LittleKidsTime My Great Big God*, use this list to find the Bible story activity page that corresponds to the following lessons:

Bible Verse Index